市民教育とは何か

長沼豊

ひつじ市民新書

JN298789

はじめに

「市民教育は〝納豆〟をつくる教育である」

市民教育とは何だろうか。

この本を手にしたあなたは、市民教育というものはどんなものだと思っているのだろうか。市民になるための教育だと仮に考えてみると不思議な気持ちになるかもしれない。われわれは、そもそも市民であり教育する必要があるものだろうか。あるいは、私が農業に従事している農民だとして、何か別の市民というものになるということなのだろうか。「市民教育」ということば自体が比較的新しいものであり、このことばを耳にして即座にイメージできる人は少ないだろうと考える。

この本は、そのような人々に市民教育というもの、その考え方を知ってもらうことを意図して書かれたものである。21世紀のわれわれの社会には市民教育は重要であり、必要なものであると信じているが、それはこの本を読んでくれた方がそれぞれ自分で自分なりの答えをみつけてくれることであろう。

教育をめぐる議論は、「ゆとり教育論　VS　学力低下論」という様相を呈している。二〇〇二年（平成14年）4月に始まった新しいカリキュラムに基づく学校教育のありようが、議論の火種である。教科内容の大幅な削減、総合的な学習の時間の創設など、大きな変革が断行されている。現在進行形だ。学校週5日制（子どもの週休2日制）も本格実施となった。これらの改革が定着するのは、これからだろう。いまここで、その是非を判断するのは、早急に思える。

ただ、市民教育という考え方がどうして注目され、必要とされるようになったのか、その原因と理由を考えることが、現在議論されている「ゆとり教育　VS　学力低下論」についても考える糸口になるだろう。

今回の教育改革が議論されてきた一九九〇年代後半は、次のような時代だった。

社会的状況

・平成不況のなかで、喘いでいた（今も？）
・阪神・淡路大震災の打撃があった
・IT関連の産業が飛躍的に伸びた

子どもたちをめぐる状況

・いわゆる学級崩壊現象が起こった
・「キレル子ども」が話題になった
・依然として不登校は減らず、全国で13万人にものぼっている。
（これは、10年前の約2倍の数字である。）

このような背景から、21世紀の社会を担う子どもたちには、複雑な社会でも通用するための「生きる力」が必要だということになった。複雑な社会を生きるためには、それなりの能力が身についていなければならない。知的な能力や体力、感受性などは当然として、それ以外にも、たとえば身のこなしや、人とかかわる力というのも大切である。IT社会になればなるほど、人間の人間による他者へのはたらきかけが重要になってくるからだ。

近年、〝人間関係作り〟に焦点をあてた教育実践が多くなっている。たとえば、集団のなかでの個のあり方を多様なエキササイズで見つめ直す「グループエンカウンター」や、社会的資質を高め、集団のなかでの個の生かし方を体得する「ソーシャルスキルトレーニング」、コミュニケーション能力を基礎にしながら集団のなかで他者の役に立つ活動を盛り込んだ「ピアサポートプログラム」などの実践がそれである。裏を返せば、子どもたちの対人関係能力や社会性がきちんと育成されていない、ということが背景にある。

人と人との直接的なかかわりの希薄化の背景には、機械化・情報化と個人主義化がある。直接的に人を介さなくても情報が入手でき、一言も会話を交わさずに買い物ができる社会をわれわれはつくってきた。また、学校や社会全体で〝個性重視〟と〝価値観の多様化〟が広まってきた。この2つは、個人よりも集団に重きをおき、右へならえ的な発想が強い旧来の日本型社会を変革する起爆剤となってきた。一方で「何をやるのも私の勝手でしょ」となって、道徳的規範は崩壊を始める。大量の〝自己チュウ児〟を生み出したのである（学級崩壊は、これを具現化した現象であった）。

本来、個性重視も価値観の多様化も、違う個性や違う価値観を相互に認知してこそ、社会のなかで共存しつつ、「個」を確立できるものであるはずだ。このことを確認するためには、個と集団、公と私の関係を社会全体できちんと構築しておかなければならない。

「市民」という考え方を大切にしたいのは、そのためである。

人間は社会的動物であり、集団で生きることは避けられない。したがって、集団は関わらないですむ無関係な存在ではなく、集団に所属しつつ、集団に埋没しない「個」であり続けられなければならない。その集団をつねによいものに作り変えていかなければならない。そうすることで、集団としての力も発揮され、居心地のよいものとなる。そのためには、集団の成員が、それぞれの役割を適切に遂行し、協働し、相応の責任を負うことが求められる。大切なことは、単なる道徳的規範の遵守や社会への適応だけをいうのではなく、社会の一員として、主体的に他者とかかわりつつ、生活を営んでいくという視点である。

集団とは、たとえば、家族であり、地域であり、学級であり、国である。しかし「市民」は国家によって抑圧されている存在とは考えない。本書でいう「市民」とは、市民革命時代の「市民」ではなく、21世紀型社会の「市民」である。共存しつつ、個と集団が、よりよきパートナーシップを築き、価値を見いだす人々のことであり、まずは敵対するとは考えない。そして、これらの人々の集合体が、個の自立と自律、相互依存性と他者性が共存する社会を生み出すのである。

そのような「市民」を育むためには、行動しつつ検証していくタイプの学びの場が必要である。常に、集団や社会のありようを見つめ、そのなかで生きる自己の姿を鏡にうつし、研鑽を深めていく姿勢が求められる。また、問題に対する観察眼や適切な処置法など問題解決能力を養うことにも力点がおかれるだろう。

「市民教育」とは、そのようなものを育てる営みである。私は、社会的課題を追究し、解決策を模索し、実行し、検証するという意味において、まさにボランティア活動とその学習が「市民教育」であると思っている。ただし、ボランティアといっても、従

来の奉仕型のボランティアではなく、社会的連帯性を基盤とした行為としてとらえた場合のものである。そこで本書では、学校教育を中心に教育分野におけるボランティア学習を中心に述べ、政治学などの市民性の概念や公と私の関係そのものの議論などに深入りすることはしない。教育的な視点から、どのような力をつけるのか、そのためにはどうしたらよいのか、などについて述べていくことにする。

読者の対象は、教育関係者、子どもたちの保護者、学生等、市民教育やボランティア学習に興味・関心をおもちのかたを想定している。また、ボランティア活動、ボランティア学習関係の講座、講習のテキストとして活用されることも視野に入れた。
なお本書は、これまで私が発表してきたボランティア学習関係の論文などを、市民教育の観点から再構成したものであることを付記しておく。

私の好きな食べ物のひとつに納豆がある。
豆腐も納豆も、どちらも同じ大豆を原料としている。豆腐は、全体がきれいに統一されていて、見た目にも綺麗だ。しかし、原料の豆は見えない。つぶされている。納豆は、原材料の豆がはっきり見えており、しかも相互に糸を引き合っている。集団に埋没した個の状況、集団と個が両立し、個と個に相互関係がある状況を表現したおもしろいたとえで、私は「納豆教育論」と呼んでいる。市民教育は〝納豆〟をつくる教育である。

二〇〇三年一月九日
長沼　豊

目次

［第7章］市民性を養うワークショップ

写真提供＝東京ボランティア・市民活動センター

第1章　学校が大きく変わり始めた

1-1　学校教育で何が起きているのか

学校が大きく変わり始めた。

21世紀初頭、この変化の激しい時代のなかで、果たして子どもたちを豊かに育むことができるのだろうか。まず、変化してゆく日本の教育について、学校からの視点で見ていくことにしよう。

1　生きる力って?

現在の教育改革は「生きる力」を育むことが鍵になっている。ちなみに学校教育の世界で言われる「生きる力」とは、次のような力をいう（中央教育審議会答申、一九九六年から)。

①いかに社会が変化しようと、自分で課題を見つけ、自ら学び、自ら考え、主体的に判断し、行動し、よりよく問題を解決する資質や能力

②自らを律しつつ、他人とともに協調し、他人を思いやる心や感動する心など、豊かな人間性

③たくましく生きるための健康や体力

この3つの点について、たいていの人は賛成するのではないだろうか。では、具体的に学校の何が変わるのか。ここでは最近の教育改革の動向から次の6つに絞って述べたい。異論がでてくるところである。

2 異論噴出?ゆとりか基礎か?

(1) 教科内容の大幅削減

教科内容の約3割削減ということで話題になっている。子どもに理解させる上で難解だと思われる内容を削除したり、上級学年や上級の学校で扱うようにしたりしている。

子どもたちがゆとりをもって基礎・基本を学べるように、という主旨である。これには賛否両論がある。昭和52年告示の学習指導要領以来、教科学習の時間を削減するいわゆる「ゆとり教育」を導入した結果、大学生を中心に学力低下が起きているという反対論と、知識注入型の教育を批判する立場からの賛成論である。

（2）総合的な学習の時間の導入

自ら考え、自ら学ぶ力を育成するために、教科横断型の内容や、福祉・情報・国際理解など現代的な課題についての内容、児童・生徒の興味・関心に基づく内容などを扱う時間として、教科とは別に導入された。教科内容を削減する代わりに、主体的に学習する能力や態度を育もうという主旨である。学習指導要領には、ねらいや指導のあり方以外の細かな点について記載されておらず、各学校の判断で内容を決定してよいことになっているので、学校によって内容や質に差がでてくることになる。

（3）学校週5日制（子どもの週休2日制）の完全実施

これまで土曜日の休業が月1回、2回と段階的に実施されてきたが、二〇〇二年（平成14年）度から学校週5日制が完全実施された。毎週土曜日が休日になることで、これまで学校が担ってきた教育の一部分が、地域や家庭の責任においておこなわれる時代になったといえるだろう。

（4）一単位授業時間の弾力化

小学校は45分、中学校、高等学校は50分と定められていた授業の一単位時間が、各学校の判断で設定できるようになった。年間の各教科の総時数は決まっているが、その範囲内であれば、自由に決めることができる。たとえば週3回50分の授業をおこなっていた教科を週5回（毎日）30分授業にすることもできる。逆に、週2回45分のものを週1回90分とすることもできる。教科の特性や子どもの実態にあった授業時間の確保ができるというわけである。

（5）学区域制の弾力化

公立の学校であっても、一定の条件を満たす場合、通学する学校を選べるような仕組みを導入し始めた自治体が出てきた。これまでは、いじめ等の特殊ケースに限られていたものが、事実上自由になったということである。たとえば、東京都の品川区では区内の小学校を4つのブロックに分け、そのブロック（約10校）のなかから選択できるようになっている。また、中学校については、ブロックを設けずに選択できるようになっている。品川区にならって、他の自治体でも導入を図り始めたところがいくつかある。

（6）少人数授業の実施

一クラスの子どもの定員については、自治体独自の判断で減じてもよいことになってきているが、人件費の関係で導入を図る自治体は多くはない。しかし、クラス定員は40人のままでも教科によっては、たとえば20人の授業ができるよう、予算を講ずる措置がとられることになった。私立の学校では古くから導入している分割授業の実施である。すべての教科というわけではないようだが、これが実施されることによって、よりきめ細やかな教科指導が期待される。

ている。

3　これからの学校像をどう考えるか

このような学校の変化をどう考えればよいのだろうか。私は次の４つの視点でとらえている。

（1）アカウンタビリティ（説明責任）の時代

行政の規制緩和が進み、これまで横並びの発想が強かった学校教育に市場原理、競争原理が導入されることになった。学校選択が自由化される方向で進んだり、授業の内容、形態、時間も多様化されているからである。このことは「特色ある学校づくり」に大きく寄与するが、一方で各学校に対して説明責任がよりいっそう強く求められることになる。なぜなら、自分の学校の特色はなにか、どのような教育目標のもとで指導しているのかなどを地域の人々、特にこれから子どもが入学する保護者にわかりやすく提示する必要があるからだ。

（2）ボーダーレス社会のなかの学校

総合的な学習の時間の実施により、学校と地域、家庭の連携がよりいっそう求められるようになってきた。福祉や国際理解、環境などの現代的な課題を題材とする場合、学校の教師だけでは扱えないものも多々ある。また学校の塀のなかだけでは完結できない。学校外部の人の協力を仰いだり、子どもが学校の外で学習する機会をつくり出す必要がでてくる。

たとえば、滋賀県近江八幡市立馬淵小学校では、地域の人々とのネットワークを生かして、ゲストティーチャーとして活躍してもらったり、さまざま行事も協働でおこなったりしている。さながら地域の「教育コミュニティセンター」といった感じになっている。また、東京都小平市立小平第六小学校では、地元の商店街の協力を得て、子どもたちが商店街の売り子ボランティアの体験をしている。

学校教育をどうするかは、学校だけで考えるのではなく、地域の教育や家庭教育を含めて、ひろく生涯学習の観点で考える時代になってきたといえるだろう。

（3）歴史は繰り返す？

教科内容の削減についての議論は、過去に同様のことがあったことも振り返っておきたい。

戦後間もない頃の日本の教育はアメリカの影響で生活単元学習が主体であった。生活課題を中心にして、関連した内容を学習するというものである。現在の、おおむね50才台の人が体験しているものである。これに対して知識が身についていない、と「学力低下論」が起こる。その結果、昭和33年の学習指導要領改訂で生活単元型の教材はほぼ一掃され、知識を系統立てて習得できるよう配慮した系統学習が導入される。その後40年代前半の改訂で現代化カリキュラムが実施され、教科内容が肥大化すると大量の「落ちこぼし」がでる。その結果、今度はゆとりが必要ということになり、52年の改訂で「ゆとり教育」路線がスタートする。その後平成元年改訂でも、この路線は継承された。そして今回の改訂で、知識偏重型教育への批判から大幅な教科内容の削減がおこなわれ、一方で問題解決型である総合的な学習の時間が導入された。すると、今度は学力低下論が巻き起こるという流れである。

この経緯を振りかえると、常に問題解決学習と系統学習の対比がある。どちらかが進めば、それはよくないからもう一方で、という二極対立論で、まるでメトロノームの針のように思えてならない。私は一方が善で、他方が悪であるという見方からは離れたいと思う。知識伝達型教育も体験型学習も両方重要だ。知識伝達型の授業そのものが悪いのではなく、「それ一辺倒になること」に問題の本質があるのではないだろうか。大切なのは、その教材に見合った教育方法を教師が選択できるという柔軟性ではないかと考えている。

（4）社会の求める人材は

社会と学校の関係は切っても切れないものである。学校は、社会の要請する人材を輩出するという責務も負っているからである。その意味では、時代時代に応じたふさわしい人間を育成することで、学校教育は一定の社会的役割を果たしてきた。

当然のことながら、経済の発展が第一義であった高度成長、そして経済大国へと突き進む時代（一九八〇年代まで）には、社会的要請は、没個性的で、一定以上の均一の力量をもった大量の労働者であった。しかし、経済的に成熟し、むしろその矛盾をかかえながら喘いでいる時代には、これまでのような人材は不要である。長年勤め上げたベテラン社員が特徴がなければリストラによって首になるご時世である。これから社会に出る青少年には個性的で想像力・創造力があり、コミュニケーション能力のある人材を求めるのは必然であろう。学校教育には、そのような社会的要請にも耐えうるようなカリキュラム編成が求められている、ということである。

1-2　社会力のない若者たち

かつて中学生を象徴的に表す言葉として「三無主義（無関心・無気力・無感動）」というものがあったが、ベネッセ教育研究所の調査（一九九五年）によると一九九〇年代以降の中学生は「新三ない族」（規範感覚がない、人間関係がない、達成意欲がない）なのだそうだ。２番目の「人間関係がない」は集団ばなれの傾向をともなっているという指摘すらある。実際には、ないというよりもむしろ人間関係を上手に作れない、保てないという面があるのではないだろうか。

また、子どもたちを取り巻く事態として、不登校児童生徒数（年間30日以上の欠席者）は二〇〇一年度（平成13年度）は、小学校二万六五〇三人、中学校一一万二一九三人、合計約一三万八千人で、依然として増え続ける一方である。不登校児童生徒の在籍する学校は、五七・三％にも達する。また、高校生の中途退学も深刻な問題で、二〇〇一年度（平成13年度）の中途退学者は、全国で約一〇万四千人（退学率は二・六％）で、一九九六年度（平成8年度）以降一〇万人を突破したままである（いずれも文部科学省調べ）。これらの理由は多様であるが、他者との人間関係や集団離れなどが理由になっているケースも多い。

参考までに、少年犯罪のデータを示すと、図1－1のようになる。近年、再び増加してきていることがわかる（戦後第4の波と呼ばれている）。

そのほか、現代青少年をめぐる問題についていくつかふれておく。

長年にわたって大阪で青少年のボランティア活動を推進してきた巡静一（故人）は、現代青少年像として①自立力の低下、②連帯感の欠如の2つを挙げ、次のように述べて

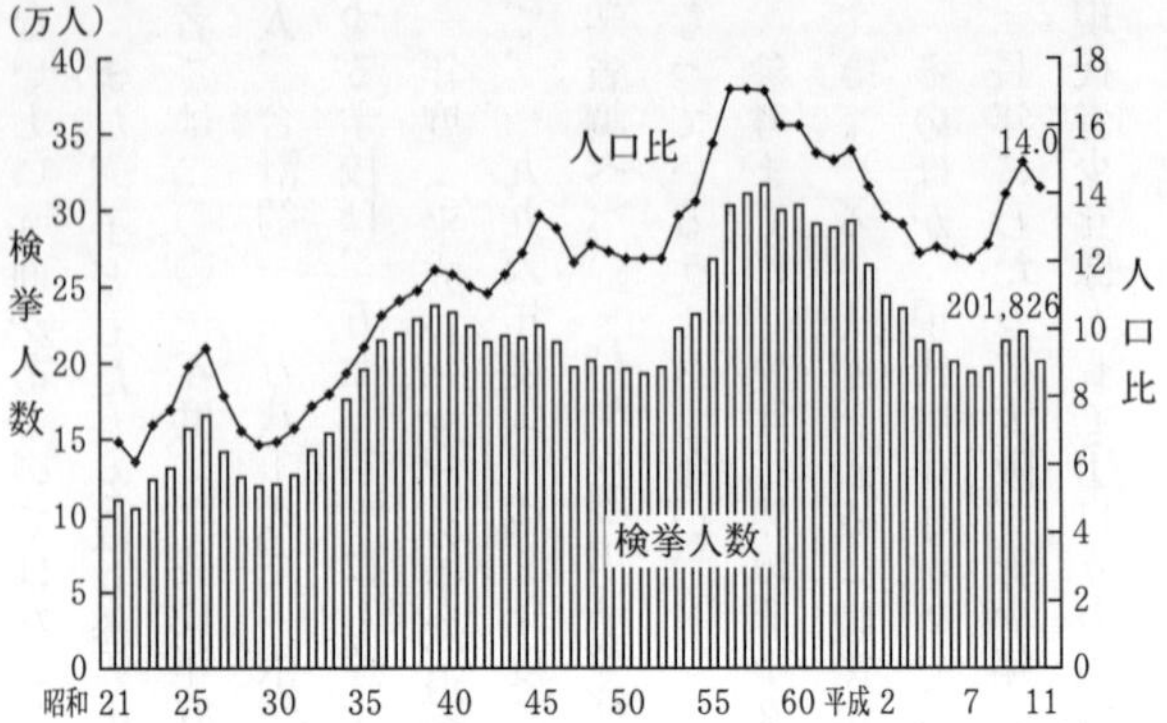

注 1 警察庁の統計及び総務庁統計局の人口資料による。
2 昭和45年以降は，触法少年の交通関係業過を除く。

図1-1 少年刑法犯の検挙人員及び人口比の推移（昭和21年～平成11年）

いる（『青少年問題とボランティア活動』日常出版、1986年、p.15)。

「①現代社会にあっては、青少年が人格形成をなしていく上で、自立への歩みに多くの障害を有しており、さまざまな発達課題に対する困難度が高くなっています。青少年が自己の役割や生き方に対する目標を明確に見い出すことができない状況にあり、自己の確立が妨げられ、ややもすれば自己の殻に閉じこもりがちです。そして時に、非行などの反社会的行動に走ったり、登校拒否などの非社会的行動に陥る例もみられます。

②現代社会にあっては、青少年は他との関

係の中で自己の存在感を涵養したり、他と積極的にふれあったり、協力しあったり、連帯しあったり、社会参加したりしていく方向に乏しく、連帯よりも自己中心のくらし方という方向がみられます。そしてこの傾向は、諸外国の青少年に比べて顕著にみられます。」

自己教育力は、受験を意識した知識伝達的、受動的な授業では身につかない。青少年が何か重要な役割を担ったり、それを通して生き方や自己存在について考察する機会が減っているのではないだろうか。自己理解の不足および他者理解の不足が大きな課題となっているわけである。

重なる部分もあるが、一九九五年に当時の総務庁がまとめた『平成6年版青少年白書』の中から現代青少年の特徴の部分を抜粋してみる。

「今日の青少年は、家庭においても、また、友人とのかかわりにおいても、付き合いが比較的狭い範囲のものとなりがちであり、人間関係の多面性を失ってきている。また、付き合い方も、表面的な仲の良さや円満な関係の維持が優先され、それを乗り越えてまで深い人間関係を築き上げようという意志はあまり感じられない。また、マスメディア、特にテレビとの接触が青少年の生活の重要な位置を占めており、テレビへの依存度も高い。意識の上では、個人的な楽しみに充実感を見い出し、社会に対する関心はどちらかといえば希薄な方である。社会に対して不満を感じていても、積極的な行動に出ることはない。社会生活指向よりも個人生活指向が強い。しかし、近年においては、社会に貢献する生き方も、一部ではわずかながら見直されてきつつあるようでもある。」

ここでは、人間関係の希薄化や社会に対してのかかわりの拒否を問題点として指摘している。人間関係を上手に構築できないということが、現代青少年の重大な課題となっていることがわかる。人間関係を育むような、経験を通して体得していくものは、例えば小さい頃からの「あそび」を通して少しずつ学んでいくようなものである。ＴＶゲームに象徴されるような個人で楽しむものが充実している現代社会にあって、個人主義を越えて集団での活動や他者との関係の中で自己の役割を確保していくことが困難になっていることが浮き彫りになっている。

このような状況を打ち破るためには、学校の教育力も重要であるが、家庭や地域の教育のあり方も問いなおされなければならないだろう。例えば、家庭教育については、核家族化、少子化による人間関係の希薄化、子育てにおける父母の共同認識の欠如、受験を意識した「早期教育」への傾倒等検討すべき課題は多い。また、地域の教育については、特に都市部にみられるようなコミュニティの未形成による人々の相互不干渉、異年齢集団に所属する機会の減少、親同士の情報交換不足、地域リーダーの不足等と学校週5日制の時代を迎えてもいまだに未整備という印象がある。家庭、地域、学校のさまざまな要因により、現代の青少年は連帯感や自主性が欠如した状況にある。

いま、子どもたちが他者や社会とかかわり、自己のありようを見つめ直すことが教育活動の一環として求められている。それは、知的能力とは別の、社会力ともいうべきものを育むということに他ならない。

1-3 社会力を取り戻す

1 求められる体験

子どもたちの自然体験や社会的な体験の機会が減少していることが指摘されて久しい。

これらの課題の第1は、ひととひとが直《じ》かに向き合うコミュニケーションの不足の問題である。社会的要因が大きいが、機械化された社会、都市型社会、ライフスタイルの多様化、IT社会など、人と人が直接会ってコミュニケーションを図る機会が減少していることが原因である。

第2は、地域ネットワークの不足の問題である。地域によって差はあるだろうが、子どもたちが地域のさまざまな文化とかかわる機会や、幼児から高齢者まで異年齢の人々がふれあう機会が少なくなってきている。このことは核家族化の進行という家族形態の変容とともに助長されている。また、地域やその周辺の自然にふれるような機会も必要である。

第3は、自己の存在が社会にどうかかわり、どう役に立っているのかという点が見えにくい社会であるという問題である。社会構造の多様化・複雑化にともない、個と集団の関係性の把握が困難になってきていることもあり、個人が集団にどのようにかかわり、自己実現をどのように図るか、その方策と意識化が課題となっているのである。
このようなことから、学校教育で求められている体験活動の形態は次の通りである。
①「さまざまな人とかかわる」という体験、経験が求められる
②生きている社会そのものを実感する場面が求められる
③都市型社会の児童・生徒には、自然環境を感得するような場面が求められる
すなわち、対人関係調整能力向上の機会の提供、社会的課題を知り、解決策を模索する機会の提供、自然体験の機会の提供である。

2 「社会力」を育てる

いま求められている体験型の教育実践とは、他者との関係性を基盤とし、社会的課題を発見し、その解決策を模索し、実行し、検証し、より良い社会を築いていくための助けになるようなものである。ただ単に集団や社会にとけ込むというような適応性だけをいうのではなく、他者とかかわりつつ、所属集団や社会をより良い方向に変革していく指向性をも含んでいる。これは筑波大学教授の門脇厚司のいう「社会力」とも合致して

いる（『子どもの社会力』岩波新書、1999年）。門脇のいう社会力とは「社会を作り、作った社会を運営しつつ、その社会を絶えず作り変えていくために必要な資質や能力」のことで、「社会力には、一つの社会を作りその社会を維持し運営していく力という意味を込めている。このような用語を作り用いようとしたのは、わが国の若い人々に欠けているのは社会への適応力というより、自らの意思で社会を作っていく意欲とその社会を維持し発展させていくのに必要な資質や能力であると考えているからである」とも述べている。

門脇によれば、「社会性」は「広い意味では『社会が支持する生活習慣、価値規範、行動規範などによって行動できるという社会的適応性』を指しており、狭い意味では、『他者との円滑な対人関係を営むことができるという対人関係能力』を意味している」ということである。このような力を基盤としつつ、他者と協働しながら、社会をより良い方向へ導いていく力が必要で、それを「社会力」と言っているのである。市民教育において目指そうとするのは、紛れもなくこのような力をもった人の育成である。そのための手だては何か。門脇の論を、もう少し詳しくみてみよう。

門脇は、「ヒトは互恵的利他行動を著しく進化させた動物である」という進化心理学者コスミデスの研究を挙げ、人間が互恵的利他行動ができるのは、他の人がいまどんな立場に置かれていて、どのような心の状態にあるかを的確に理解することができるからである、としている。そして、社会力の下地は、①他者を認識する能力と、②他者への共感能力、感情移入能力であるという。

社会力を養うには、学校、地域、家庭が連携しなければならないとし、とりわけ地域の教育力の復権に期待している。「大人たちに地域社会への関心や地域をよくする活動がないところで、子どもの社会力が形成されるはずはない」というのがその理由で、しかも、その際地域社会は〝コミュニティ〟であることが条件であると述べている。門脇の考えるコミュニティとは、地域への愛着心や定住意識や地域改革意識が住民の中にあり、それにもとづく何らかの地域づくり活動を住民が一緒になって続けているエリアのことである。いいかえれば、市民性、市民意識をもった住民がいて、地域づくりの活動や市民活動を継続して行っている地域ということになる。次のようにも述べている。

「子どもの社会力は、生きることに対する大人たちの前向きな姿勢があり、それから発する強いコミュニティ意識があり、それに根差した大人たちの、地域作りに連なるさまざまな活動があり、その中に子どもを取り込みつつ重ねられる大人と子どもの相互行為の過程で育てられ強化されていくのだと考えるべきである。そして、その過程は相当に長いものである。」

このような地域があるかどうかは疑わしいが、むしろないとすれば、そのようなコミュニティを作り出す何らかの仕掛けが必要ではないだろうか。

子どもは、大人の背中を見て育つといわれる。子どもの社会力を育成するためには、地域の大人たちが市民意識をもち、社会力をもっていなければならないということだろう。

市民教育に求められるのは、門脇の言う社会力を育む土壌を耕すことにほかならない。それは、いかにして可能になるのか、学校では何をすべきか、地域では何をすべきか、どのような体験が必要なのか、など課題は多い。これらについて、具体的に考えていく必要があるだろう。

本書では、そのひとつの答えを学校教育における「ボランティア学習」に求め、述べていくことにする。もともと生まれた時からコミュニティの一員として知らずに参加して生きているということがなかなか実感できないなかで、地域への参加を目に見える形にすることがボランティア活動ではないかと考えるからである。その意味では、新たなものの創出というよりは、コミュニティの再構築・再設計ということばのほうが適切かもしれない。

第2章　民主主義の先進国（?）でも市民教育

英国（イングランド）で二〇〇二年から中等学校段階に導入されている新しい教科「Citizenship」の特徴を紹介しながら、市民教育について考えてみる。

英国ではもともとボランティア活動がさかんであり、学校と地域の連携を生かしたボランティア学習がすでに学校教育のなかで、さまざまな形で行われており、なぜ、このような教科が導入されるのか、それは、どのような内容なのかが気になるところである。この章の目的は、それを探ることにある。

なお、ここではCitizenship Educationを「市民教育」と訳すことにする。本来Citizenshipは、市民性や公民権を表す言葉であるから、「市民性教育」、「公民教育」という訳語も考えられる。しかし、後述するように、その教育内容やねらいは、民主主義を基盤とした市民型社会の一員としての素養を体得することが主眼となっているので、市民型社会の担い手を育成する教育という意味で、市民教育と解することにする。

ここでは、文献および現地への取材（聞き取り調査）によって得た情報を提供したい。文献は、英国のナショナル・カリキュラムや、地域のなかで学校と協力しながらボランティア学習をすすめている団体の発行しているパンフレット等とする。また、現地への取材については、私が日本ボランティア学習協会の研究プロジェクトの一員として二〇〇〇年3月4日～11日に訪英し、おこなった調査をもとにする。

2-1 なぜ市民教育を導入するのか

1 導入する経緯と背景

市民教育の導入の過程を明らかにすることは、市民教育のねらいと、その社会的意味を探ることにつながるだろう。

（1）導入の経緯

かつての英国の教育は、中央集権的なシステムではなく、地方教育行政当局に委ねられていた。しかし、極度の経済不振などから、サッチャー政権下で、経済の立て直しおよび教育改革が断行され、教育における中央集権的なシステムが導入された。その特徴は、競争原理の導入であった。一九八八年には、「教育改革法」が成立し、翌年、全国共通の「ナショナル・カリキュラム」が制定された。また、「共通学力テスト」が、7歳（第2学年終了時）、11歳（第6学年終了時）、14歳（第9学年終了時）の子どもに実施され、その結果（学校ごとの、および個人の結果）は公表され、成績の芳しくない学校には指導が入るというシステムであった。

一九九七年発足のブレア政権でも教育改革は重視され、基本的にはこのシステムを継承している。すでにナショナル・カリキュラムの改訂をおこない、二〇〇〇年から新たな内容に移行しているが、市民教育は二〇〇二年9月から必修教科として導入された。

ブレア政権は、まず「近代的な民主主義社会は知識に基づいた全市民の積極的な参加による。学校は若者たちに民主主義の性質と市民の義務、責任、権利を教えることによって、彼らと社会、彼らの住む地域との利害関係を明確に示すことができる」というコメントを出し、この言葉を受けて教育雇用大臣に助言するための市民教育諮問委員会（クリック委員会）ができた。

そして、クリック委員会の報告は、一九九八年９月に出され、それは以下のような内容であった。

・すべての児童、青少年は学校で市民性を育てる教育を受けるべきである。
・これは以下のように、外に示すことのできる成果をあげなくてはならない。
　社会的責任、地域社会への参加、政治的理解力
・カリキュラムの時間数の５％以内でおこなう。
・二〇〇〇年から４年間かけて導入する。

こうして、市民教育は、必修教科として導入されることが決まったのである。（実際には諸事情から二〇〇二年の導入となった。）

ただし、市民教育は、今回の改訂で突然浮上したものではない。学校における教育内容としては、これまでも存在したのである。それは、必修ではなく、教科横断的な学習テーマとして進められるものであった。ＰＳＨＥ（Personal Social Health Education）

との組み合わせのほか、ボランティア学習を含む地域活動やインターンシップ（職業体験学習）など、学校内外の活動が盛り込まれ、多くの学校でこれらが統合されてカリキュラム化されてきたという経緯がある。

（2）英国の若者も日本と同じ

では、民主主義を体現してきたともいえる英国で、なぜ市民教育をわざわざ必修教科として導入するようになったのだろうか。その謎を解く鍵は、英国における近年の若者の実態と関係がある。そのことを次に述べよう。

若者のボランティア活動を推進しているＣＳＶ（Community Service Volunteers）という民間団体が示したデータには、地域における青少年の実態について次のように書かれている。

・青少年のコミュニティからの疎外感とコミュニティへの愛着の欠如が大きな問題となっている。

・一九九二年の選挙では18〜25歳人口のうち57％しか投票しなかった。

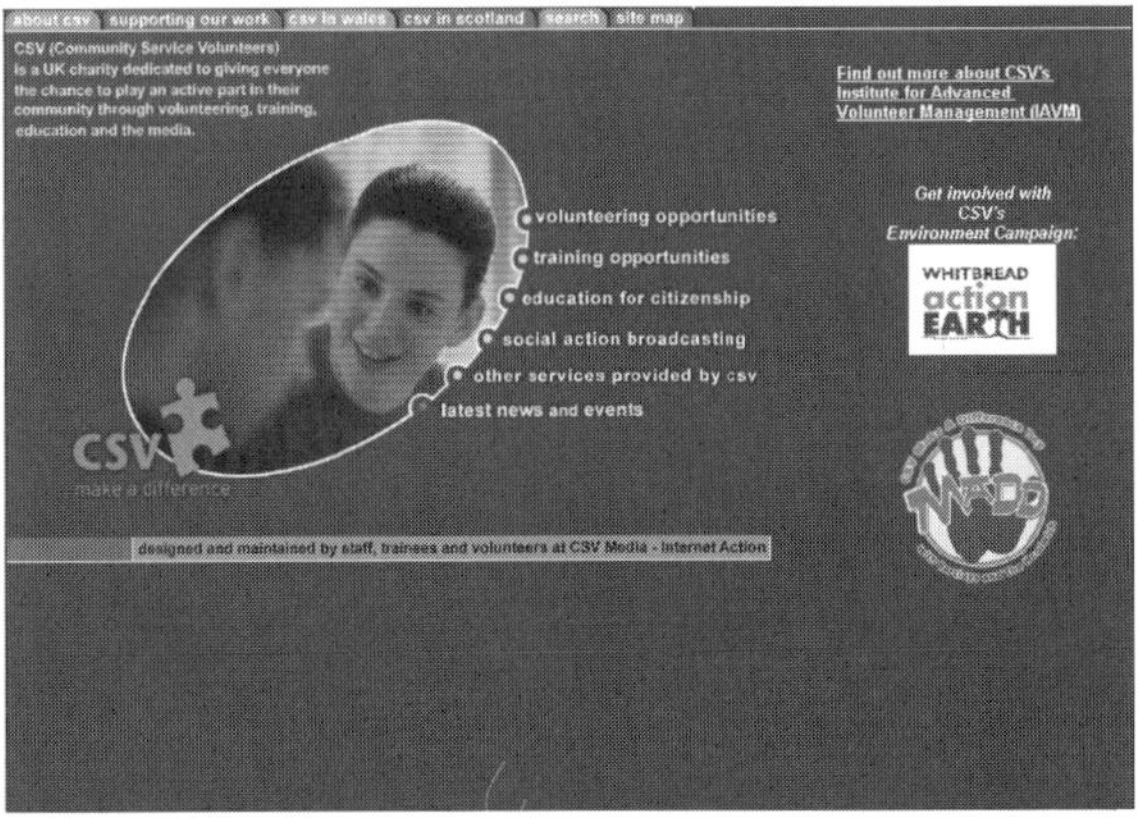

CSVのホームページ（http://www.csv.org.uk/）

・18～34歳人口のうち3分の1が、自分がシステムからはずれているという意識をもっている。

・英国の児童のうち20％が精神的問題を抱えている。

・青少年の20％が情緒行動障害を抱えている。

・18歳の男子のうち33％が、女子の42％が情緒あるいは心理的問題を抱えている。

・10万人に6人の男子、1～2人の女子が自殺を図っている。

・経営者の40％が、16～19歳の被雇用者が有する技能と会社が必要とする技能の間に大きな格差があると感じている。たとえば、マネジメント能力（66％）、コミュニケーション能力（65％）、情報処理能力（64％）、人としての基本的な能力（61％）が明らかに不足していると考えられている。

・英国の労働人口のうち、20％が資格や技能をもたない。

・男子の41・3％しかGCSE(General Certificate of Secondary Education)の英語力検定に合格していない。

・25歳以下人口のうち、25％は算数力が限られており、20％は基本的な識字能力に欠けている。

・この5年間で退学処分にされた学生が3倍に増加した。

以上のように、青少年の政治的無関心、心理的・精神的な疾患、職能についての問題点、学力の問題、社会的有用観の欠如、コミュニケーション能力の問題などの諸相が浮かび上がっている。これらの問題は日本でも同様のことがあるだろう。クリック報告が、「社会的責任、地域社会への参加、政治的理解力」を挙げているゆえんがここにある。

民主主義の本場・英国を揺るがす若者のさまざまな様態は、市民とは何かを教え、市民性を養うための教科をつくる道へと向かわせたのである。それは制度的な教育機関である学校を利用し、さらに地域を巻き込んだ大きなプロジェクトである。

クリック報告を受けて政府が発表した政令は、以下のようになっている。

・すべての児童、青少年は学校で市民性を育てる教育を受けるべきである。

・以下のような、外に示すことのできる成果をあげなくてはならない。

　社会的責任、地域社会への参加、政治的理解力

・カリキュラム時間数の5%以上をかけないこと。

・二〇〇二年から4年間かけて導入する。

・査察をおこなう。

・教師たちの手によって導入される。

・提示されている学びの成果目標に合致すること。

なお、市民教育を必修教科として導入するのは、7～11年生の中等教育段階である。

（小学校段階は学校の判断で導入できる。）

市民教育の導入が二〇〇二年になったのは、カリキュラム開発、評価のあり方、教師の確保、入試との関連などのさまざまな課題を克服する必要があったためとされる。

（参考）

そのほかの必修教科は、英語、数学、理科（以上がコア教科）、歴史、地理、情報、技術、音楽、美術、体育、現代外国語、の11教科（中等学校のみ）であり、このほかに、宗教教育、性教育、進路指導、特別活動やPSHE（人格、社会性の形成、健康教育）がある。

2-2 何をめざすのか

1 ねらいは？

次に、英国の市民教育のねらいについて、見ていくことにしよう。（日本の学習指導要領にあたるNational Curriculum for Englandからの抜粋である。）

（1）どのような学びか

まず、市民教育の構成要素として、次の3つが挙げられている。いずれを見ても実践的に学ぶことが求められていることがわかる。特に、②については、学校と地域が連携しながら指導をおこなう必要がある。また、①でも「学校の内外」とあり、求めている行動の変容が必ずしも学校の内だけに限ったことではないことがわかる。

①責任ある社会的行動

学校の内外で児童・生徒が社会的・道徳的に責任ある行動をとること

②地域社会への参加

隣人の生活や地域社会に対して関心をはらい、社会に貢献すること

③民主社会の知識・技能の習得・活用

民主主義の制度、問題を実践的に学び、国や地域社会のなかでそれらを効果的に運用すること

いずれも、第1章で紹介した「社会力」と関係が深いことがわかるだろう。

（2）4つの機会を提供する学び

青少年への市民教育は、次の４つの機会を提供するものであるとしている。これを見ると、倫理的要素や社会的有用感についての項目も入っていることがわかる。

①精神的成長の機会の提供

青少年が人生の意味や目的、人間社会の異なる価値観について知り、理解するのを助けることを通して、精神的成長の機会を提供する

②道徳的成長の機会の提供

青少年が社会における善悪や正義、公正、権利と義務などの問題について、批判的な眼をもって正しく認識できるよう助けることを通して、道徳的成長の機会を提供する

③社会的成長の機会の提供

青少年が分別をもった有能な社会の一員になるために必要な理解やスキルを習得するのを助けることを通して、社会的成長の機会を提供する

④文化的成長の機会の提供

青少年が自分たちの属するさまざまなグループの性質や役割を理解するのを助け、多様性と相違を尊重する気持ちを奨励することを通して、文化的成長の機会を提供する

（３）どんなスキルをえるのか

市民教育で獲得すべきスキルについては、次の６つの項目が挙げられている。これらを見ると市民教育が広範にわたる能力獲得のための教科であることがわかる。英国には数学や情報のような教科もあるが、それとは別に実際の社会的課題を題材として数字の能力やＩＴの技術をも高めようとする、一種の「教科横断型」としてのねらいも存在することがわかる。ここには複雑・多様化した社会を生き抜くための力を育成しようという願いが感じられるのである。

①コミュニケーション能力の習得

さまざまな社会的・政治的問題やコミュニティの問題についての調査、討論、情報や思想を通じてのコミュニケーション能力の習得

②数字活用能力の習得

さまざまな社会的、政治的文脈の中で数字が活用されたりする例について考察するために、統計を検証することを通じての数字活用能力の習得

③ＩＴ（情報技術）の習得
論点や出来事、問題を分析するためにコンピューターを活用したり、応用したりすることを通じてのＩＴ（情報技術）の習得
④他者と協力する能力の習得
考えを話したり、政策を立案したり、コミュニティで責任ある行動に参加したりすることを通じての他者と協力する能力の習得
⑤自己の学習と成果を向上させる能力
自己や他者の考えや業績を反省したり、将来の行動や向上について目標をつくったりすることを通じての自己の学習と成果を向上させる能力の習得
⑥問題解決能力の習得
政治的問題とコミュニティの問題に参画することを通じての問題解決能力の習得

（4）市民教育が育むもの

さらに、ナショナル・カリキュラムでは、市民教育によって、次のような、他の分野

に関係した能力にも影響を与えるとしている。

①思考力の育成

生徒が推理や理解、調査や評価に基づいた行動を必要とする社会的課題に取り組むのを助けることを通じての、思考力の育成

②経済概念の育成

生徒に社会におけるお金の特質と役割を深く理解させ、お金の使い方を身につけさせることを通じての、経済概念の育成

③事業経営と企業の能力の育成

生徒に学習と経済と民主主義を進展させるための仕事の関連性を認識するのを助けることを通じての、事業経営と企業の能力の育成

④職業に関連した学習能力の育成

生徒が経済や社会の繁栄のために学習と労働とのつながりを認識するのを助けることを通じての、職業に関連した学習能力の育成

⑤持続可能な発展についての能力の育成

環境と社会の質や成り立ち、健全さに影響を与える民主的なプロセスやその他の政策決定プロセスに効果的に参画する生徒の能力と意欲を育成し、また社会、経済、環境のなかでの人々との行動を決定づける価値観を探求することを通じての、持続可能な発展についての能力の育成

（5）どこまで到達すればよいのか

最後に、市民教育の達成目標であるが、これは「適切な学習プログラムを教えられた後、大多数の生徒が最後までに特徴的に示しているべき達成のタイプと幅」という性質のもので、より具体的になっている。生徒の生活レベルの課題から、より大きなシステムに至るまでの多様な事象の理解を求め、権利と義務の両方を認識した、責任ある市民としての素養を身につけるよう指導する必要性が描かれている。

①9年生（14歳）での達成目標

生徒は、市民の権利と責任、義務や、ボランティア組織の役割、政府の形態、公共サービスの提供、そして刑事システムと司法制度など、学習する時事的出来事について

幅広い知識と理解をもっている。生徒は、一般大衆がどのように情報を得るか、メディアを通したものも含め、どのように意見は形成され表明されるかを説明できる。生徒は、いかにして、そしてなぜ、社会に変化が起こるのかについて理解を示す。生徒は、学校やコミュニティベースの活動に参加し、自分たち自身と他人に対する態度のなかで、個人とグループの責任を発揮できる。

②11年生（16歳）での達成目標

生徒は、市民の権利と責任、義務やボランティア組織の役割、政府の形態、刑事と民事の裁判、法律及び経済のシステムなど、学習する時事的出来事について包括的な知識と理解をもっている。生徒は、意見を形成し表明するために、メディアを含む異なる種類の情報を得て、使うことができる。生徒は、異なる社会のレベルで変化をもたらすさまざまな方法の効果を評価できる。生徒は、学校やコミュニティベースの活動に効果的に参加し、そのような活動について批評眼をもって評価する意思と強い関心を示す。生徒は自分と他者とのかかわりのなかで、個人とグループの責任を発揮できる。

英国（イングランド）の市民教育は、幅広い知識とスキルを身につけることが求められる教科である。しかもそれは、机上の学問だけで得られるものではなく、地域社会の中で課題を発見し、行動し、検証していくタイプの学習によって体得されるものである。知的理解だけではなく、体験的理解が必要であり、まさに総合的な力を養うべく設置された教科であるといってよいだろう。日本でいう「生きる力」をやしなうことを目指しているといってもよい。

これらは、日本で行われようとしている総合的な学習の時間、ならびにボランティア学習のコンセプトとも合致した内容となっていることがわかる。たとえば、総合的な学習の時間については、現行の学習指導要領に「自然体験やボランティア活動などの社会体験、観察・実験、見学や調査、発表や討論、ものづくりや生産活動など体験的な学習、問題解決的な学習を積極的に取り入れること」という記述があるが、このようなねらいも、市民教育のねらいのなかに垣間見ることができる。

2-3 21世紀を生きる力

1　生きていくのに必要な技能

すでに、学習内容について若干ふれたが、さらに詳しく具体的な内容を見てみることにしたい。

英国教育雇用省の所管する特殊法人ＱＣＡ（Qualification and Curriculum Authority）による『Citizenship』（The National Curriculum for England,Key Stage 3-4)には、市民教育の内容例として次のような項目が挙がっている。

①「成熟した市民」になることについての知識を理解する

・社会を支えている法的権利や人権、責任、刑事裁判システムを学ぶ
・個性、地域、国籍、宗教、人権的アイデンティティなどの多様性の相互尊重と相互理解の大切さを学ぶ
・中央と地方の行政システムの仕組み、公共サービスに必要な税の仕組みや使途、市民の行政の公益活動への参加と貢献の方法について学ぶ
・議会制度や政治機関の特質、選挙制度や投票行為の重要性について学ぶ

・社会におけるメディアの役割と重要性、主体的な活用方法について学ぶ
・「グローバル・コミュニティ」としての世界について理解を深めるとともに、政治的、経済的、環境的貢献のあり方について学ぶ
②「調査とコミュニケーション」のスキルを育成する
・地域社会におけるフィールドワークや、アンケート調査、聞き取り調査、さらには新聞などのメディアや、コンピューター・メディアなどの情報源を活用し分析することによって、時事的、政治的、精神的、道徳的、社会的、文化的論点や問題点について考える。
・そのような論点や問題について、個人的意見や考え方を口頭や文章で発表する。
・グループ討議に参加し、そのディベートの技術やルールについて学び、達成感を喜ぶ体験をする。
③「参加と責任ある行動」のスキルを育成する
・想像力をはたらかせて、他者の経験を理解しようと努力をし、自分のこととして考えたり、表現したり、説明したりする訓練を、ワークショップなどを通しておこなう。

・目的達成のために交渉し、合意を見つけだし、決断するプロセスを体験する。
・青少年が主役となる機会を多様に作り出し、参加のプロセスを体験し、評価し反省し合う。
・社会教育や、コミュニティにおける責任の一翼を担う機会を作り出す。

具体例や、前に示したねらいを見る限り、日本の総合的な学習の時間と比べて、詳しくその内容が述べられていることがわかる。総合的な学習の時間については、その目的と性質上、学習指導要領の記述は簡潔な表現にとどめ、学校の創意工夫にまかせている。これとは対照的である。ただし、英国の場合、市民教育に限らず、すべての教育活動において、伝統的にカリキュラムや授業のあり方は、学校や教師の創意工夫に委ねられており、細かく記述されているから多様性がなく、自由度が低いということではない。

次に、日本の教科のなかで、これらの内容にもっとも近いと思われる公民科と比べてみよう。

日本の高等学校「公民科」の科目構成は、現代社会、倫理、政治・経済の3つであり、中学校社会科の公民的分野を基礎にして、国際社会、民主主義、経済活動、政治の仕組み、倫理など、多様な題材を学習するものである。これらの学習内容をみると、類似性のあるものも多いが、調査とコミュニケーションのスキルの育成、あるいは地域社会への参加やかかわりなどに関する体験的な学習内容は、少なくとも学習指導要領を見る限り、あまり見あたらない。

むしろ、英国の市民教育にあたるものは、日本では公民科よりも総合的な学習の時間でおこなわれる(あるいは、両者の連携のもとでおこなわれる)可能性のほうが高いといえるだろう。

2・4 どのように進めるか(CSVの展開事例)

英国の市民教育において、学校と協働でボランティア学習を進めている民間ボランティア団体のCSVでは、次のような脳理論に基づいて体験型学習の重要性を説いている。

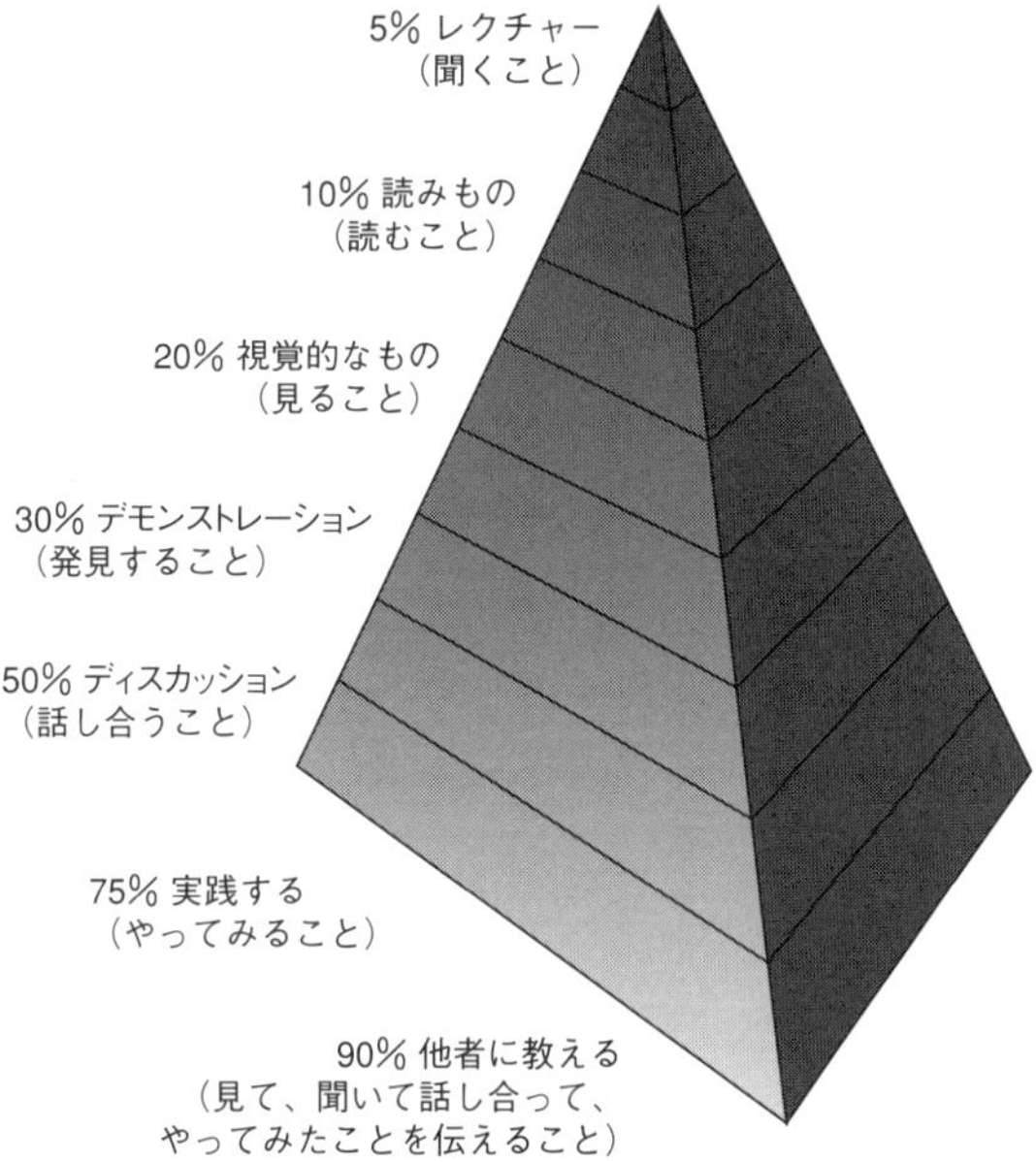

図2-1 学習ピラミッド（指導法の違いによる内容獲得の度合い）

「各指導法による内容の獲得の度合いは、以下の通りである。レクチャー（聞くこと）では5％、読みもの（読むこと）では10％、視覚的なもの（見ること）では20％、デモンストレーション（発見すること）では30％、ディスカッション（話し合うこと）では50％、実践する（やってみること）では75％、他者に教える（見て、聞いて、話し合って、やってみたことを

伝えること）では90％である。」（図２‐１参照）

このように、学習者自身がかかわった（参加、参画した）度合いの高いものほど、そこで学んだ内容が定着する割合が高く、特に体験型の学習では75％以上と高率になることがわかる。かかわる度合いが高いほど知的好奇心が喚起され、達成感がより多く獲得されるのであるから必然的といえる。

次に、このＣＳＶの取り組みを紹介しよう。

１　民間団体の協力

（1）ＣＳＶの取り組み

ＣＳＶ（Community Service Volunteers）は、一九六二年に創設された民間のボランティア活動推進機関である。特に、青少年のボランティア活動の啓発に力を入れており、学校教育と連携しながらプログラム開発等をおこなっている団体である。（年間四万五千人の若者のボランティア活動をアレンジしている。）いわば、先駆的にボランティア学習を推進している団体である。コミュニティ・サービスとは、地域の課題を解決するためのボランティア活動を、教育活動として構成し、位置づけたものである。

すでに、学校と連携しながらボランティア学習を推進してきた、その組織力を生かして、市民教育についての実験的な授業をおこない、成果を挙げている。また、市民教育を指導するための教師向けトレーニングも開始している。

CSVでは、二〇〇二年から始まる市民教育を、次のようにとらえている。

「市民教育とは、青少年がボランティア活動を通して市民性を育むためのアクティブ・ラーニングである」、「コミュニティにおけるアクティブ・ラーニング（Active Learning in the Community）は、生徒たちがおこなう意味あるコミュニティ・サービスと学術的な学習、自己の成長、市民としての責任をリンクさせる教育方法である」、「コミュニティにおけるアクティブ・ラーニングは、すべての児童や青少年が、市民であることの本質や実践すべきことを理解できる機会を与えている。児童や生徒は他の人々の生活に役立つことに責任を負う活動を通して学ぶことができる。これらの経験は市民としての責任を学ぶための導入部となる。」

これまで推進してきたボランティア学習（コミュニティ・サービスプログラム）のノウ

ハウを利用して、学校のカリキュラムとして市民教育をおこなう場合、地域での活動(行動型学習)を取り入れたボランティア学習として再編できるというわけである。この考え方は、政府の示したねらいとも合致していることがわかる。そして、その手法としては、アクティブ・ラーニングを取り入れていることがわかる。

アクティブ・ラーニング(体験的・活動的学習法)は、米国で盛んになってきたサービス・ラーニング(教科の学習を地域の学習課題と結びつけて、社会的行動を通して学習するもの)のひとつの手法である。CSVでは米国からディレクターを招いて教材開発と教師向けトレーニングを実施し、さらにはパイロット事業として学校において市民教育を先駆的におこなっている。

(2)市民教育の育むもの

CSVは、市民教育のメリットを次のように整理している。このうち、①から④は学習者である生徒にとっての利点、⑤は生徒と同時に、雇用主にとっての利点にもなると明記されている。(インターンシップの要素も加味していることがわかる。)また、⑥として学校にとっての利点を挙げている点が興味深い。日本では、これまであまり注目されてこなかったからだ。

①知的面での成長
・新しい知識と概念の習得
・自分がもつ知識の応用
・批評的な思考力と問題解決能力
・経験の振り返り

②内面的な成長
・自信、自尊心の向上
・自己理解
・アイデンティティの確立
・自立性と自主性
・新しい経験と役割の受け入れ
・課題に取り組む意欲
・目的をもった学習意欲
・肯定的な価値と信念
・自分の行動に対する自己責任

③社会性の発達
・コミュニケーション技術
・リーダーシップの技術

・他者と協力する能力　・異なる文化や生活習慣の受容とその認識
・他者と活動する能力　・他者をいたわる気持ち
・所属意識　・仲間同士の連携

④市民性
・物事を決定するプロセス　・コミュニティのニーズの分析
・教室の内外を問わず積極的に行動すること

⑤働くことへの準備
・仕事に対する現実的な考え方　・大切な技術
・リーダーシップと他の人の指示に従う能力　・チームワーク
・責任感、信頼、課題を見いだす能力　・今後の就職への関係作りと紹介

⑥教育機関の利点
・地域社会（市民・行政関係を含む）とのパートナーシップ
・民主主義的な参加　・社会的価値観
・グループ学習を含む仲間同士の相互学習

2　市民教育におけるアクティブ・ラーニングの手法

最後に、ＣＳＶのすすめるコミュニティにおけるアクティブ・ラーニングの具体的な内容を検討しておく。ここでは、ＣＳＶが作成した教師用マニュアル（フランシーヌ・ブリトン著、Discovering Citizenship through Active Learning in the Community Teacher's Manual,CSV,1999.）を紹介する。

（1）アクティブ・ラーニングの育む能力

アクティブ・ラーニングを用いた市民教育で身につけさせたい5つの能力については、以下のように記されている。そして、これがそのまま学習内容にもなっている。

①さまざまな状況のもとで効果的な働きをする力
②自己や他者の価値、倫理を明確にし評価する力
③地域社会を成り立たせる要素を認め、尊重し、支持する力
④データを収集し、評価する力

⑤効果的な意思決定と問題解決策を実行する力

特徴的なことは、コミュニティの課題を発見し、解決するために地域社会に足を向ける前に、教室で①、②、③の段階の事前学習を入念におこなうことである。たとえば、①の段階ではあとで紹介するグループワークの（例1）のように、協力することの意味を考えさせるのである。この背景には、学校によっては、多くの民族の生徒が一つの教室にいるという事実があるという。そして、民族や宗教の違いを理由に一緒に共同作業をしない生徒もいるのだそうだ。そのような状況では、コミュニティの課題を解決するという視点にはたてない、ということで、まず身近なクラスメートとの日常的な空間の中にある心理的な垣根を取り払うことに主眼をおくのだそうである。

（2）4つの段階

アクティブ・ラーニングによる学習過程は、次の4つの段階である。

①準備

コミュニティでの活動に入る前の学習である。生徒は、活動の目的、つまりどのようなことが生徒に期待されているのか、また生徒が活動をすることで何が得られるのかをしっかり理解しなくてはならない。これには次の事柄を含む。

・自分がこれから取り組む活動を明確にし、分析すること
・プロジェクトを選び、計画すること
・トレーニングとオリエンテーション

②行動

プロジェクト自体は次のようなものでなければならない。

・意味があること
・学術的なものであること
・しっかり監督されること
・生徒自身のものであること
・生徒の発達段階に適したものであること

③振り返り

振り返りをすることで、生徒たちは自分たちが経験した実践的学習を冷静に考えるこ

とができるようになる。振り返りは以下のことを通して行うことができる。

・ディスカッション

・読むこと

・書くこと

・ポートフォリオ（学習の過程で作成した文章やものなどの記録集）を作ること

④お祝い（認めあい）

これは生徒たちが達成したことを認識する機会のことをいう。メディアに取り上げられること、特別なイベントの企画、賞状の授与など、プロジェクトが終了したことを明らかにできるような方法が考えられる。

（3）グループワーク

コミュニティに出ていって具体的な体験行動をする前に、次のようなグループワークをおこなう。特徴としては、ロールプレイの手法や、ワークショップ型の手法を取り入れていることである。このようなグループワークのあとでも、振り返りを重視し、参加した生徒の声を生かした学習展開にしていくことが求められていることも特筆すべきことである。

（例1）15分の作業（新聞紙から必要な言葉を探しだすようなもの）を5人のグループでおこなう。5人にはそれぞれ役割が与えられる。リーダー役、励まし役、チームプレーヤー役、じゃまなことをしたりする役、消極的な役である。作業のあとに振り返りをして、グループのなかの役割とチームワークについて検証する。

（例2）他者の考えを受け入れるトレーニング。グループの各々のメンバーに役割を与え、その役を演じる。例えば、以下のような状況を提示する。「新しい道路の建設中。農民2人、商店主2人、道路工事に従事する2人、環境保護者2人、車両修理工2人、立ち退きをくらう地権者2人、事務所の清掃人2人。」

（例3）効果的なグループ戦術のためのトレーニングで傾聴技術を学ぶもの。グループのなかで見る役1名、走る役1名、再生する役（その他の人）を決めておく。見る役は教室の外にある絵（模様の組み合わせなど、やや複雑なものを書いておく）を見て、それがどのような絵なのかを走る役にことばで伝える。走る役は絵を見てはいけない。見る役は教室に入ってはいけない。走る役は、伝えられた絵の情報を、再生する役の人たちに伝える。再生する役は、伝えられた情報の絵を紙に再生する。走る役は、手を使って指示をしたりしてはいけない。

（例4）民主的なプロセスを知るためのトレーニング。学校をよりよくするための3つの願いを考える。複数の人からたくさんのアイディアが出た段階で、生徒たちにそれらを3つに絞り込ませる。その方法も考えさせる。消去し、投票することによって決定していく過程を体験させる。

（例5）理想の人物（市民）とは、どのようなものかをグループで考えさせる。考えた結果を模造紙にまとめる。人間の絵を描いて、そのなかに言葉を書くなど自由に表現してよい。各グループができあがったあとでプレゼンテーションをおこなう。善悪についての価値判断に関しての他者と自己の異同について学び合う。

（例6）誰かの価値が表現されている歌や詩を題材にして話し合う。

（例7）自分たちのクラスの倫理綱領を作成する。

（例8）次の4つの言葉を書いた紙を用意しておく。「大いに賛成」「賛成」「反対」

「大いに反対」。それらを教室の四隅に置く。地域社会に関するコメントを読み上げ、生徒は自分が感じた答えを4つのなかから選び、その場所へ行く。コメントの例としては「私たちの地域は非常に住みやすいところだ」など。そして4グループ対抗の討論をおこなう。

(4) 評価について

市民教育で身につけさせたい能力は、くりかえしになるが、次の5つであった。

①さまざまな状況のもとで効果的な働きをする力
②自己や他者の価値、倫理を明確にし評価する力
③地域社会を成り立たせる要素を認め、尊重し、支持する力
④データを収集し、評価する力
⑤効果的な意思決定と問題解決策を実行する力

これらのそれぞれにさらに細かい評価項目が設定されている。たとえば、①については、「積極的に参加する」「他人の考えを受け入れる」など5つの項目に分かれてい

る。（①から⑤までの評価項目の合計は21である。）生徒自身が自己評価する項目である。

また、この生徒が獲得すべき能力に対する評価項目とは別に、プログラムに対しての評価もある。（生徒自身、教師、他の人々、の三者が評価するような表が載っている。）それは、以下の項目であり、この学習をすすめた教師の指導のあり方についての自己評価項目ともいえるものである。

［生徒の参加状況］

①プロジェクトの選定に生徒が参加したかどうか

②プロジェクトの立案に生徒が参加したかどうか

③プロジェクトの実行・運営に生徒が参加したかどうか

［プロジェクトの適正さ］

①プロジェクトが地域社会の真のニーズにかなっていたかどうか

②プロジェクトは生徒たちが地域社会において市民性を発揮する機会を与えたか

③プロジェクトが常に改善されていくような工夫がされていたか

［地域社会のかかわり］

①プロジェクトの1つ以上の局面で地域社会の人々が参加したか

②地域の人々がプロジェクトの成果を測る機会があったか

このように、市民教育では、生徒の主体性を尊重し、生徒が企画立案に参画するようなタイプの授業や、地域とのかかわりを重視して、地域と連携しながらおこなっていくようなタイプの授業がおこなわれているのである。

第3章　百人百様のボランティア

ボランティア学習を考える前に「ボランティア」の概念について整理しておくことにしよう。初めにことわっておくが、「ボランティア」の考え方は百人百様である。多様な考え方がある。また、その多様性が良い面でもある。したがって、以下に述べることは、あくまでも私のとらえ方であることを強調しておきたい。

3－1　ボランティアは3回変わる

「ボランティア」という言葉は少なくとも20年前と比べてずいぶん市民権を得てきたと思う。これにはテレビ番組の影響や企業のボランティア休暇、そして最近では国際ボランティアや阪神・淡路大震災の震災ボランティア、ＮＰＯ活動の推進等の要因が考えられる。たしかに80年代より前には、ボランティアというと何か特別なことをやっている人（あるいは篤志奉仕家）というイメージがあったが、一九八〇年代後半から現在に至るまでの約15年間でボランティアという言葉・考え方・実践が身近なものになってきた。この背景には、日本が高度成長から経済大国へと向かった後のいわゆるバブル崩壊を迎えるに至るまでの国民の価値観の変容がある。すなわち経済優先主義からの脱却であり、量から質への価値の転換であった。それと呼応して「ボランティア＝福祉」という図式も変容を遂げ、福祉はボランティアの活動分野の一部であるという考え方が広まってきた。そして、ボランティアは「してあげる奉仕」から大衆文化としての市民たちによる「支えあい」という考えに転換し、特別視するものからあたりまえのものへ、単純な労働奉仕からお互いに高めあう活動へと概念が変化をしてきたのである。

ボランティア活動を推進している興梠寛（世田谷ボランティア協会理事長）によれば、ボランティア活動には、戦後間もない頃、一九七〇年代、一九八〇年代後半の3回にわたる変容があったという（「いまこそボランティア学習」『たすけあいのなかで学ぶ／JYVAブックレット№5』JYVA出版、1994年）。

「五十年代から六十年代の世界のボランティア活動の状況を〝第一次ボランティアの波〟と名付ければ、それは第二次世界大戦後の社会復興を中心とした社会開発と、あいつぐ発展途上国の独立やその南北経済格差に取り組むための、国際協力の時代でした。」「〝第二次ボランティアの波〟は、七十年代以降に起こりました。時代は、市民の発意にもとづく草の根組織である『NGO』（非政府組織）や『NPO』（非営利組織）の台頭を迎えます。」「〝第三次ボランティアの波〟は八十年代後半から一躍注目されるに至った、企業や労働組合等の『社会貢献活動』（フィランソロピー）の活発化によってもたらされました。」

このようなボランティア活動の変遷は、いわば社会の変容とともに進展してきたものであることは想像しやすい。厚生省（当時）中央社会福祉審議会・地域福祉専門分科会意見具申「ボランティア活動の中長期的な振興方策について（平成5年7月29日）」では次のように述べられている。

「住民やさまざまな団体のボランティアをはじめとする福祉活動への参加は、福祉社会という新たな段階において、従来とは異なる意義を持っている。その時代時代で、また社会によって、ボランティア活動を行う人々自身の意識は異なるであろうし、社会における役割や意義も変化するであろう。それは、ボランティア活動が、時代や社会の価値観のもとで変化しているからである。」

さて、3回目の波を越えて現在のボランティア活動は、どのようにとらえられるか。ひとことで言えば「共生・共存としてのボランティア」という概念に移行してきているものと思われる。よく言われることだが「for」のボランティアから「with」のボランティアへ、という流れを受けてのことである。先の意見具申では、

「今日、福祉社会の中でのボランティアは、その基本的性格には変化はないものの、活動の動機や機能という点では大きく変化している。ボランティアは自発的(原文のまま)に基づく行為であり、活動の動機が多様であるのは当然のことといえるが、今日では、活動する人々の増加や範囲の広がりに伴い、かつて慈善や奉仕の心にとどまらず、より広がりを持った地域社会への参加や自己実現、さまざまなことをお互いに学び経験し、助け合いたいという共生や互酬性に基づく動機に変化している。」

と述べられている。「いつでも、どこでも、だれにでも」といういわば自然な形のボランティアが少しずつ定着してきたのである。

このような変遷の過程で教育現場、つまり、学校教育や地域の教育（社会教育・生涯教育を含む）のさまざまな場面でもボランティア活動は活発におこなわれるようになってきた。地域の社会福祉協議会やボランティア・センターでは活発にボランティア活動をおこなっている学校や団体をバックアップしているが、その数は年々増えてきている。そして、小・中学生、高校生の成長の過程でとても重要なはたらきをするとして、積極的に推進していこうという動きも一九七〇年代以降にでてきたのである。

最近では、NPO（非営利組織）活動との関係で、ボランティア活動をとらえることも多い。通常、行政を第1セクター、企業を第2セクター、そして民間非営利活動を第3セクターと呼び（鉄道などの半官半民という意味の第3セクターとはこの場合意味が異なる）、各々行政サービスの提供、市場経済の活性化によるサービスの提供、共感関係を基盤としたサービスを提供することで、社会を構成するとみる。したがって、第3セクターであるNPOやボランティアは、行政や企業にはない個別のサービスを提供し

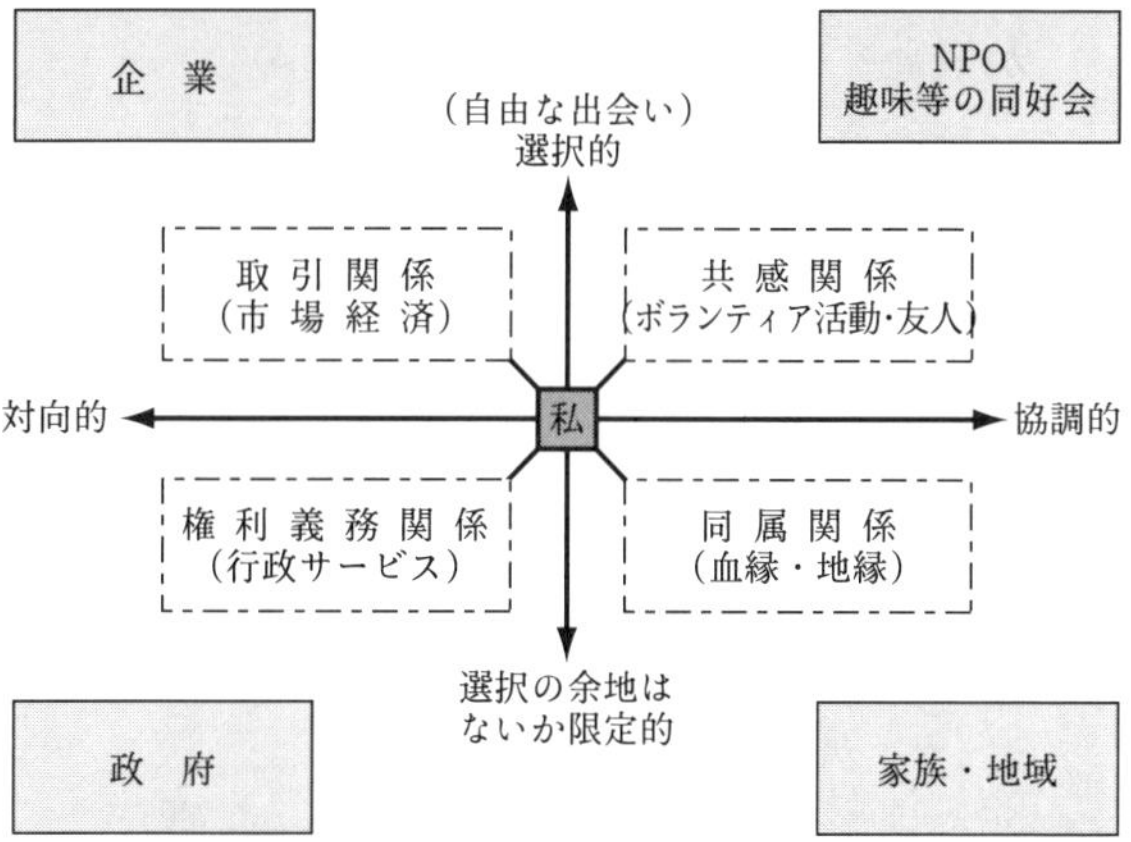

（備考）経済企画庁編「平成12年版 国民生活白書」（p34）より

図3-1　人をつなぐ4つの関係

たり、公益性のある活動を展開することができる、ということである。図3－1「人をつなぐ4つの関係」は、これらの関係を表したものである。どのセクターにも属さないのが、家族・地域で、血縁・地縁の関係が基盤となっている。平成12年（二〇〇〇年）版の『国民生活白書』（当時の経済企画庁編）では、血縁社会から地縁社会、そして職縁社会への歴史的変遷を示したあと、同好で集うボランティア活動やNPO活動を「好縁」と呼び、好縁社会で生きがいを高めることができると述べている。

3-2　辞書の中のボランティア

　ボランティア活動を学問として研究している内海成治は、『ボランティア学のすすめ』（昭和堂 2001年）の中で、次のように述べている。

「戦前の最も大きな国語辞典のひとつである『大辞典』（1936年刊、平凡社）には、『ボランティア』の項目はない。私が30年近く使っている『岩波国語辞典第二版』（1971年刊）にも出ていない。79年発行の同辞典の第三版や88年発行の『大辞林』（三省堂）には出ている。90年代以降になると、小さな国語辞典にも掲載されている。ボランティアという言葉は、70年代後半から80年代にかけて一般化したと考えてよいであろう。」

　辞書に掲載されているかどうかは、そのことばが社会的認知を受けているかどうかの極めて重要な証である。ボランティアということばが社会的に定着したのは、私の経験からも、おおむね一九八〇年代以降といってよいだろう。

　では、その中身について、まず国語辞典で確認しておくと、ボランティアの定義には、

「自発的にある事業に参加する人。特に、社会事業活動に無報酬で参加する人。篤志奉仕家。」（松村明編『大辞林　第二版』三省堂、1995年）、「①志願者。篤志家。奉仕者。②自ら進んで社会事業などに参加する人。」（新村出編『広辞苑　第四版』岩波書店、1991年）、などがある。これらの定義には旧来の考え方と最近のそれとが同居していることがわかる。最近のボランティアに対する考え方には上下関係を感じさせる奉仕者というイメージや特別な人がするというような感じを与える篤志家というイメージは乏しく、だれにでも参加することができるという身近な概念として捉えられてきている。また志願者というだけでは社会とのかかわりなどの点で明確さを欠くことになる。したがってボランティアの意味するところを日本語として一語で表すこと、すなわち邦訳することは困難であり、また逆に一語で表すことでボランティアの概念を規定・限定してしまうことは望ましいことではない。このことについて中田幸子は、

「ボランティアとして社会生活にかかわりながら生きるということは、社会的存在としての人間が、誰でもするあたりまえのことと解すると、篤い志や特別の『志』など、志

の有る人にだけしか行えないように解される『篤志』『特志』『有志』などの語は適当ではありません。また、『つかえたてまつる』という意味の『奉仕』には、活動の主体となる人と、サービスの受け手との間に、上下関係があるようなひびきがあり、いずれもボランティアの意味するところと異なるため、外来語であっても英語をそのまま用いることにしています。」（中田幸子「ボランティアとは何ですか?」、野上芳彦編『みんなボランティア ～障害者とともに』福村出版、1981年）と述べている。

ボランティア活動を先駆的に推進してきた野上芳彦も次のように述べている。

「『ボランティア』（volunteer）という概念が確立し、その活動が組織化され、あるいは制度化されたのは、西欧諸国でもそう歴史の古いことではないのです。わが国では、それが真の意味で社会に根をおろし、その意識に目覚めたのはむしろ敗戦後の社会になってからのことといえるかもしれません。（中略）この『ボランティア』という原語のもつニュアンスを的確に伝える良い訳語はあまり見当たりません。」（野上芳彦『ボランティア活動入門』柏樹社、1984年）

また、大阪ボランティア協会の早瀬昇は、「ボランティア活動とは〝社会に開かれた恋愛〟とでも言えるものだろう」と述べ、ボランティア活動と恋愛の類似点を5つ挙げている。（巡静一、早瀬昇編著『基礎から学ぶボランティアの理論と実際』中央法規出版、1997年）

①ともに自発的で無償の行為
②ともに対象を選べるし、選ばなければ始められない
③選択の基準として重要なのは、ともに好きであること
④ともに自分だけが満足するようではいけない
⑤ともに苦しいこともあるが、元気の源ともなる行為

ユニークなたとえで、わかりやすい。

ことばについての紹介の最後に、ある比較をしてみよう。ことばの意味を説明した「イミダス」の二〇〇二年版と一九九六年のものとの比較である。

一九九六年版
「篤志奉仕者。民間奉仕者。無報酬で福祉などの事業活動に参加する人。社会をよくするため、自分の時間と技術を自発的・無報酬で提供する人。志願者。」（『情報・知識

Imidas1996』集英社）

二〇〇二年版

「個人の自発的な意志によって無償で社会的な活動を行う人のこと。行為そのものを指す場合もある。自己利益が目的ではなく、他益性が求められるが、一般的な正しさや公平さよりも、個別性、多様性、先駆性が重要である。近年さまざまな領域や分野でボランティアの活発な働きが見られ、社会的な課題を解決する可能性を秘めていることが認識されるようになった。」（『情報・知識Imidas'02』集英社）

96年版では、かなり旧来のイメージが出ているが、2002年版では最近のボランティアに関する状況をよく反映している。わずか6年でこのような変化を見せているわけであり、ことばや意味をめぐる状況は、社会の動きに連動して今後も変化していくものと思われる。日本において、確固たる定義が定まっていないことの証ともいえるだろう。

3-3 自発性からはじめる

では次に、ボランティアという語の語源から検討してみると、どうなるだろうか。社会教育・生涯学習の分野の稲生勁吾は、「〝ボランティア〟は英語でvolunteerと書くが、その語源はラテン語のvoloである。voloは自分の意志で、あることを行うという意味であって、これから派生して『自分の自由意志で働く人』をボランティアと呼ぶようになったという。このことからまず強調されるべきことは『自発性』ということであって、他から強制されて行うのではなく、自分の意志で行うということがボランティアであることの条件であると言えよう。」（稲生勁吾他著『学習ボランティア活動（生涯学習テキスト⑤』実務教育出版、1992年）と述べ、ボランティアの自発性を強調している。語源から考えればこの自発性や自主性がボランティアの第1の特性となるのは明白である。

また、そもそもボランティアとそうでないものとの区別はその結果や成果の代価としての金銭授受があるか否かという点も大きい。いくら自発的に何かに貢献したとしてもそれがいわゆる仕事（職業）であったり、パートタイムやアルバイトなどなにがしかの謝礼を受け取るものであればボランティアとは呼びにくい。したがってボランティアなるものには第2の特性として無償性が存在するのが一般的な考え方である。もちろん最近「ボランティアとは自発的に行う『社会への貢献活動である』。無償、有償は問わない。」（毎日新聞社編『はじめてのボランティア』毎日新聞社、1995年）と記した文献もあるが、現在のところ大勢を占めた考え方ではない。この点については、厚生白書でも取り上げられており、

「近年、ボランティア活動を行い実費や交通費、さらにはそれ以上の金銭を得る活動を『有償ボランティア』と呼んでいる例もある。ボランティア活動の形態は、活動者やサービスの受けての意識の変化などに応じて変わるものと考えられる。」（厚生省『厚生白書（平成3年度版）』）と記されている。

さらに、最近NPO活動の活発化にともなって、第2の特性を「非営利性」と表す考え方も出てきている。活動のねらいが営利目的かどうかが問題なのであって、無償かどうかが問題ではないという立場である。より自然な考え方である。

以上の2つの特性（自発性と非営利性）がみたされればボランティアと呼べるのかというとそうではない。例えば、自発的に非営利で自分の家を掃除した場合、これはボラ

ンティアとは言えないだろう。すなわちボランティアとは社会性のあるものではないだろうか。もう少し詳しく言えば、その行為によって社会の中のだれか他者が、しいては社会全体が利益を受けるもの、つまり公共性、公益性のあるものとしてとらえられるわけであり、これがボランティアの第3の特性である。先の文献で「社会への貢献活動」と定義されている部分がこれにあたる。

次に、これらを総括する形で出てくるのが行政による定義である。行政のとらえ方は省庁によっても微妙に違うが、例えば文部省生涯学習審議会答申には、「ボランティア活動は、個人の自由意志に基づき、その技能や時間等を進んで提供し、社会に貢献すること」（生涯学習審議会答申「今後の社会の動向に対応した生涯学習の振興方策について」1992年）と記されているし、総務庁の平成6年版「青少年白書」では概念規定を政府が行うことの危惧についてふれたあと「便宜的に『自分のできることを通じて、人や社会のために貢献しようとする活動』をボランティア活動と呼ぶこととする。」（総務庁青少年対策本部編『平成6年度版　青少年白書』大蔵省印刷局、1995年）となっている。ただし、この定義には第2の特性は含まれていないことに注意したい。

次に、慶應大学の金子郁容は、関係性の形成という観点から、「ボランティアとは、切実さをもって問題にかかわり、つながりをつけようと自ら動くことによって新しい価値を発見する人である」（金子郁容『ボランティア　～もうひとつの情報社会』岩波書店、1994年）と述べている。この新しい価値を発見したり、つながりをつけることで、社会的課題が解決されたり、社会は開発されたり、発展したりするわけであり、これが第4の特性「先駆性（開発性）（発展性）」である。つまり、ボランティア活動は公共のためになるだけにとどまらず社会課題の解決の先駆的役割を果たしているというわけである。

ボランティアの4つの特性を挙げた。特性ではなく、原則と呼ぶ人もいるが、現象を見ると、絶対にそうでなければならないという固定的なものでもないので、私は特性という表現を使っている。

①自発性（語源の通り）

②非営利性（営利目的ではない）

③公共性・社会性（他者性を基盤とした社会的な行為）
④先駆性・創造性（法律や社会的規範に先駆けて社会をよりよい方向へ変革していくという意味合い）

なお、第4特性には、アドボカシー（advocacy＝代弁、政策提言）の機能も含まれる。ボランティア活動には「ソーシャルサービス」と「ソーシャルアクション」の側面があるといわれるが、これは後者にかかわる営みといえる。とりわけ市民教育として、ボランティアをとらえる場合、この第4特性が重要である。

これら4つの特性は、いずれも強調しすぎると、ボランティア活動の自由な発想を束縛してしまうことになり、議論が巻き起こることになる。日本でも学会等における理論研究が進めば、もう少し整理されてくるのではないだろうか。

3-4 生活のすべてがボランティア？

ボランティア活動の分野は社会福祉だけではない。もちろん施設だけではない。では、どのような活動分野があるのだろうか。
たとえば、ということで、挙げてみよう。（分野ごとに例も挙げておく。）
①社会福祉（高齢者、障害者の生活を支える活動など）
②自然・環境（リサイクル運動、森林保護の活動など）
③国際交流・協力（国外の活動、在日外国人への支援活動など）
④教育（学校支援ボランティアの活動、博物館等の社会教育施設の活動など）
⑤保健医療（病院での活動、薬害の問題等の救援活動など）
⑥消費生活（安全な食品の確保のための情報提供など）
⑦スポーツ（スポーツ指導、スポーツ関係のイベント作りの支援など）
⑧地域振興（地域のお祭り、商店街の活性化の支援など）
⑨文化（地域文化の伝承の担い手など）
⑩人権（人権問題への啓蒙活動など）
⑪平和（平和関係のイベントの援助、対人地雷の撤去作業など）
⑫情報技術（ホームページの作成等、コンピューター技術を提供する活動など）

⑬災害（大震災、自然災害時の物資輸送など）
⑭ボランティア活動の推進（ボランティア活動の啓発、コーディネートなど）
⑮その他（選挙など）

これを見ると、私たちの暮らす社会生活にかかわるさまざまな分野にわたっていることに気づくと思う。それらの分野の社会的課題のあるところに、ボランティア活動を必要とする素地があるわけだ。それらの課題を発見し、解決策を模索し、協働しながら実行することで、よりよい社会を形成するひとつの契機を提供するのがボランティアの世界なのである。学校で取り組む場合にも、このような多様性をふまえて、活動内容を決定する必要がある。

ちなみに、NPO法で定める分野は、次の表3－1にある12の分野である。

また、米国のインディペンデント・セクター（ボランティア活動についての多様なデータを紹介している機関）による分類は、以下の15である。

①保健医療、②教育、③宗教組織、④人的サービス、⑤環境保護、⑥公共および社会的利益、⑦（大人のための）レクリエーション、⑧芸術、文化、人文学、⑨仕事上関係の

ある組織、⑩政治組織、⑪青少年の育成、⑫個人およびコミュニティのための基金、⑬国際協力、外国への支援、⑭インフォーマルな個人的活動、⑮その他

これを見ると、仕事上関係のある組織やインフォーマルな個人的活動までも含めている点がユニークであり、多様な活動を展開している米国らしいものともいえる。

3-5 あたえるだけのものではない

最近、学校の教育活動に地域の人々や保護者が協力する場面が増えてきた。開かれた学校作り、地域と学校の連携の重要性や、総合的な学習の時間のあり方の模索が背景にある。たとえば、高齢者や障害者、地域の「○○名人」を学校に呼んで、講話をしたりするような学習がある。来ていただくかたには、ボランティアでお願いすること（=学校支援ボランティア）もあるが、その場合、明らかに地域のかたが、ボランティア「する」側なのだが、帰り際に「きょうは、ほんとうに良かった。子どもたちのいきいきとした表情を見て元気づけられた。また来たい」というような言葉を残していくかたもい

活動分野	活　動　事　例
1　保健・医療又は福祉の増進を図る活動	高齢者・障害者への介護サービス、難病者の支援、高齢者への配食サービス、生活保護者の支援、共同作業所、障害者・高齢者の移送サービス、盲導犬の育成、聴覚障害者への声のボランティア、点字・手話サークル、老人相談室、自立生活の支援、作業所の支援、障害者保育、福祉マップの作成、命の電話、病気の予防グループ、医療に関するサービス提供、高齢者への精神的サポート（誕生カード・施設訪問等）、障害者・高齢者への雇用紹介、母子家庭・寡婦（夫）の自立支援、公衆衛生、エイズ患者の支援、救急医療の普及、安全な食べ物の普及
2　社会教育の推進を図る活動	消費者保護・教育、フリースクール、高齢者の海外学習旅行の手助け、生涯学習の推進
3　まちづくりの推進を図る活動	歴史的建造物の保存、過疎の村おこし、地域おこし、町並み保存、地域情報紙の発行、花いっぱい運動、町の清掃活動、ひと鉢運動、都市農村交流運動、高齢者・障害者・外国人等への住宅のあっせん、地域議会ウォッチング、大規模開発等に対する住民の提案活動、自治体オンブズパーソン、公園の管理、地域産業の活性化、地域振興、コミュニティづくり
4　文化、芸術又はスポーツの振興を図る活動	民間博物館、歴史館、郷土資料館、おもちゃ博物館、スポーツ大会等の手伝い、伝統文化の振興・継承、美術館の開設ボランティア、地域の少年スポーツチーム、市民音楽団（市民オーケストラ）合唱団、学会、学術支援、スポーツ教室、スポーツ指導、歴史の探求会、演劇鑑賞会、芸術家の支援、映画の上映会
5　環境の保全を図る活動	熱帯雨林の保護、野鳥の保護、樹林の観察、ホタル生息地復活、野生生物の保護、森林保全、河川の浄化、わき水の保全、酸性雨調査、水質汚染調査、再生紙利用、棚田の保全、環境教育、オゾン層保護、地域生態系の調査、フロン回収、動物愛護、ナショナル・トラスト、リサイクル運動の推進、牛乳パックの回収、公害防止、古着販売・洋服のリフォーム、古本回収、ソフトエネルギー推進、住環境の維持・保全
6　災害救援活動	地震・津波等自然災害の救援、流出油災害等の事故災害の救援、被災者への支援、災害の予防活動、それらの調査・研究
7　地域安全活動	事故防止、交通安全活動、犯罪の防止活動、犯罪・事故被害者の救援・支援、犯罪を行った者の更正・援助、災害の予防、遺族の精神的サポート、犯罪者の社会復帰支援・家族支援
8　人権の擁護又は平和の推進を図る活動	軍縮、核兵器反対、地雷の禁止を求める活動、国際紛争の予防、戦争資料館、差別に反対する活動、人権啓発、子供の虐待防止、家庭内暴力からの保護、ホームレスの生活支援活動、売春防止、法律相談
9　国際協力の活動	難民救援、開発協力、教育支援、飢餓撲滅、食料援助、国際的里親の紹介、国際交流活動、国内での開発教育、在日外国人のための通訳・翻訳サービス、留学生支援、海外の市民活動の情報提供、文化交流、教室、ペンフレンドの募集・紹介、日系外国人等の帰国者支援
10　男女共同参画社会の形成の促進を図る活動	性差別への反対運動、女性の自立支援、女性の地位向上、女性が働く環境をつくる運動、女性経営者の支援、セクシャルハラスメントを防止する活動、女性の雇用均等を求める活動
11　子どもの健全育成を図る活動	遊び方の伝承、子供の買売春の禁止、非行防止、青年学級、読書会、ボーイスカウト、ガールスカウト、登校拒否児の親の会、いじめ問題110番、帰国子女のサポート、保育所、地域の子供会、地域の子育て支援、自主保育、学童保育
12　前各号に掲げる活動を行う団体の運営又は活動に関する連絡、助言又は援助の活動	サポートセンター、市民活動への助成、ボランティアセンター、市民活動に対してインターネット利用を進める活動、情報収集・提供、ミニコミ紙の情報センター、市民バンク、市民活動の映像記録作成、企業・自治体への市民活動の紹介、情報公開制度による市民活動への情報提供サービス

表3-1　NPO活動の事例
平成12年版「国民生活白書」経済企画庁（p.138）

る。子どもたちもなにかを与えたのである。

次は私が中学校教諭のときの話である。

希望者の生徒と一緒に、福祉施設にボランティア体験学習に行ったときのこと。ある男子生徒が施設利用者である高齢者との交流で、どのようにしたらよいかわからず、初めてのことで緊張も重なったのか、フリーズ状態（なにもせず立ちつくす状態）になってしまった。横で見ていた私も気にはなっていたものの、もう少し様子を見ようと思った。しばらくして、ある高齢者が彼に気づいて、肩をぽんとたたき「きみは、どこから来たの？」と語りかけてくれた。会話の糸口が見つかったのか、その後は何事もなかったかのように、自然な形の交流が続いていた。

終了後に、その生徒が書いた感想文には、次のようなことが書いてあった。「きょう、ぼくは初めてボランティア活動をしました。すごく緊張してしまいました。どのようにしたらよいかわからず戸惑っていたら、おじいさんが話しかけてくれました。すごくうれしかったです。ボランティア活動をしにきたけど、なんかボランティア活動をされたみたいな感じです。」

いずれの話も、ボランティア活動において「する」とか「される」というのは、固定的な関係ではなく、双方向の関係性であることを示している。相互扶助の考え方、互酬性に基づくものとも言える。イギリスのある学者は「ボランティア活動は、Give&Takeの関係だ」と明言している。ここには自己犠牲という感覚はない。直接・間接を問わず、他者との関係性を基盤とした行為であるボランティア活動は、一方的になにかを「施す」ということではなく、お互いの存在を尊重し、人間の尊厳を相互確認する営みといえるのだ。

3-6 自己を理解することまで

ボランティア活動が「互酬性」に基づく行為だとすると、ボランティア活動を行う側が獲得するものはなにか。いろいろあると思うが、例えば次の3つの理解を私は挙げている。

（1）社会を理解すること

ボランティア活動の分野は広い。社会福祉だけでなく、自然環境、教育、国際協力、消費文化、伝統文化、平和、スポーツなど多様である。活動者がこれらの分野の「社会的な課題」に向き合い、その解決策を模索し、実際に行動することで、社会に対する「眼」が養われることになる。たとえば、最近重視されている環境問題に取り組むボランティア活動などでも、リサイクルや調査などの具体的な行動を通して、自然環境への興味・関心を喚起することに寄与している。

（2）他者を理解すること

ボランティア活動では、その行為によって恩恵を受ける他者がいる。（正確にいうと、恩恵を受けるのは相互であり、一方向のものではない。）そのような他者との直接・間接の出会いによりさまざまな人々とのかかわりをもつことになる。時にはその人とは環境、立場、国籍、考え方、年齢などが違う人もいるかもしれない。たとえば、高齢者との交流活動において、その人の立場になって考える機会をもつことは他者理解を促進する学びになりうる。

（3）自己を理解すること

以上の2つを通して、活動者が社会的有用観と自己肯定観をもつと、それは自己理解につながる。社会のなかで生きることの意味を知り、自己の存在の生かし方を考える機会をもつことは、多感な年頃の青少年には有益である。自分の興味あることや長所を生かしたボランティア活動を探ることでも自己理解は深まるだろう。その結果、ボランティア活動の特質である自主性・主体性を涵養することにつながる学習にもなりうるのである。

3-7　ボランティアへの七つの誤解

ボランティア活動の経験の有無によって、ボランティア活動についてのイメージがかなり違うということがわかっている。ボランティア活動の経験のない人に比べて、経験のある人は、自分にできることを生かせばできるとか、身近なところでできると考えているのである。

一九九四年3月総務庁青少年対策本部の「青少年のボランティア活動に関する調査」（全国13歳以上26歳未満の青少年へのもの）で、「『ボランティア活動』をする気なし」と答えた人の割合が、「以前ボランティア活動をしたことがある」人では、二・八％であるのに対し、「まったくしたことはない」人では二〇・〇％となっている。

一度でも体験してみるといつでも、どこでも、誰にでもできるという認識がもてるのではないか。未経験者にとってボランティア活動は、「敷居が高いもの」「特別なこと」として受け取られて、結局一歩が踏み出せないのではないだろうか。食事にたとえれば「食わず嫌い」という表現が当てはまるのである。

このことは、「自発的」ということが生命線のボランティア活動を広めるためには、意外と労力がいることを示している。

私は、ボランティアについてのイメージを変えないと、日本では、なかなか広まらないと思っている。私はいつも講演で、次の7つの誤解についてふれて、敷居の高さを解消できないものかと訴えている。

「ボランティア・7つの誤解」

①ボランティアは、特別な人がするものであるという誤解

（→だれにでも参加可能）

②ボランティアは、余裕がある人がするものであるという誤解

（→間違いではないが、多忙ななかで取り組む人も…）

③ボランティアは、組織的におこなうものであるという誤解

（→そういうものもあるが、他にもある）

④ボランティアは、施設にいってするものであるという誤解

（→そういうものもあるが、他にもある）

⑤ボランティアは、福祉の分野でおこなうものであるという誤解

（→福祉以外にも、さまざまな分野がある）

⑥ボランティアは、「〜してあげる」ことだという誤解

（→上から下への一方向の行為ではない）

⑦ボランティアは、自己犠牲的な行為だという誤解
（↓下から上への一方向の行為ではない）

3－8　狭くとらえなくてもよい

さらに、経験者と未経験者の「溝」について別の観点から述べてみよう。

それは、ボランティアという語を使う範囲についての分析から明らかになる。実は、ボランティアという語を生活の中で日常的に使ってきた英米と日本とでは、使う範囲がかなり違うことに私は気づいた。

「volunteer」という英語は、英語圏で育まれ、その文化のなかで育ってきたことばである。ことばは文化を反映し、長い時間をかけて熟成し、人々によって支えられ、使用されるという宿命がある。日本では、先述したように、このことばを使い始めて日も浅い。かなり使う範囲が違う。日本のほうが、断然せまいのである。図解したものが図3－2である。日本では、ボランティアと呼ぶ行為が、英米に比べて特定のものにかた

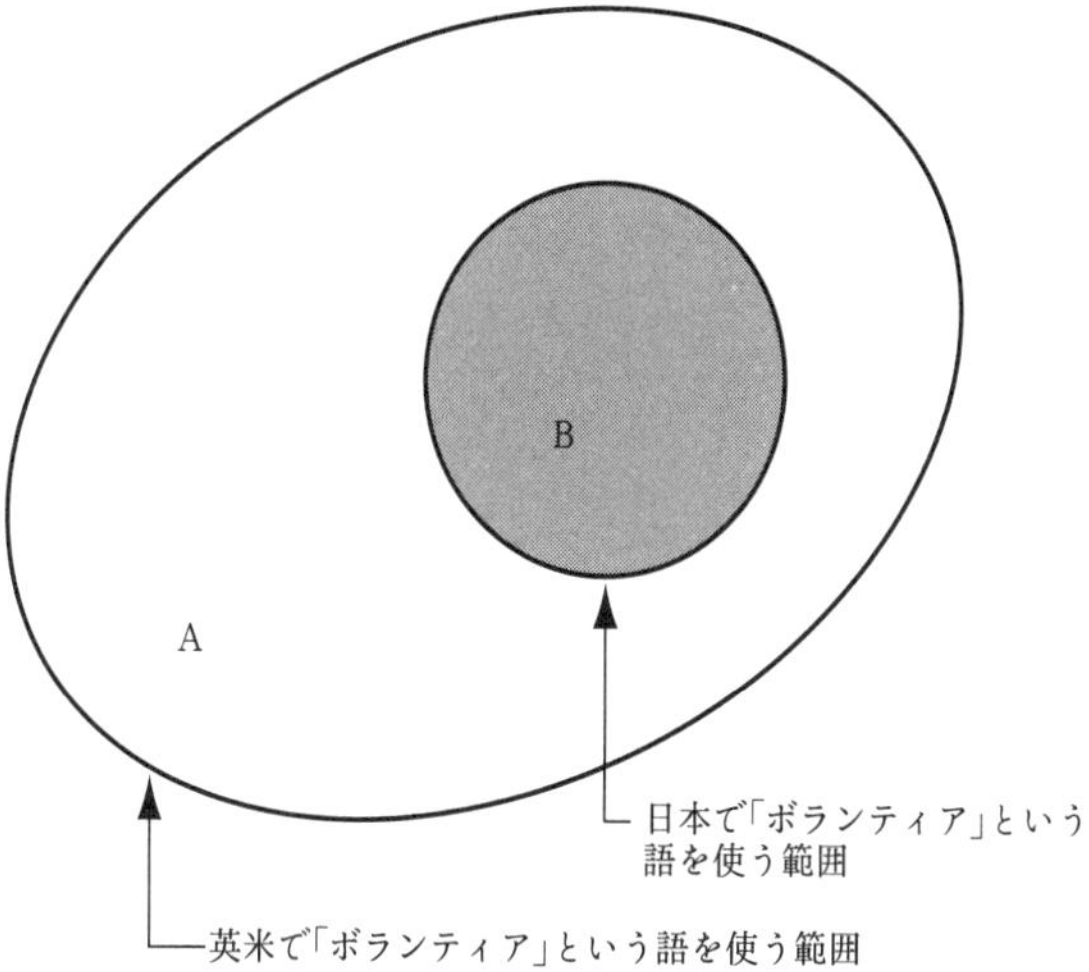

図3-2　ボランティアという語を使う範囲の違い

よっているのである。福祉、施設、介護、募金、清掃などの狭い範囲でしか用いられてこなかったという歴史的経緯によるのだが、では、どのように違うか。

図3－2のAの部分の具体例を挙げればよいだろう。つまり、日本ではボランティアと言わないが、英米ではボランティアと呼ぶという行為である。これは、たくさんある。

シーン1：飛行場にて。予約超過（ダブルブッキング）になってしまい、お客さんからクレームを受けた飛行機会社の職員が待合いロビーに出てくる。

「みなさまのなかで、○○便にお乗りのお客様。3名様、次の便にうつってもよいかたは、いらっしゃいませんでしょうか？　ボランティアで？」

シーン2：高校の授業で。日本でもよくあるシーン。「黒板の問題の答えを、前に出てきて書いてくれる人いませんか？　Any Volunteer？」

どちらのシーンも日本でも、よくある光景である。このシーンでボランティアというだろうか。つまり、語源の通り、自ら手を挙げてやります、という人は文字通りボランティアなのである。（この場合のボランティアは、英語の通り人を表す。）「ボランティア活動」ではないかもしれないが、ボランティアなのである。こうなると、日常的な行為のなかに、ボランティアと呼んでよい行為はたくさん存在する。そして、日本でもやっているのである。ただ、日本ではボランティアとは言わないだけなのである。つまり、日本では、ボランティア「活動」が、ボランティアと呼ばれていて、日常的な行為としての助け合いは、ボランティアとは言わないのである。では、生活に根ざした助け合いは、どのようなイメージで語られるだろうか。もうひとつのシーンで比較してみよう。

ひつじレター/02

2003.2.25 …発行人…松本功

市民の日本語（ひつじ市民新書）
加藤哲夫　著　695円

「ポイ捨て空き缶を拾うのは、市民の義務ではなく、権利です」

『市民の日本語』を作りましたのは、加藤さんの講演で「ポイ捨て空き缶を拾うのは市民の権利です」ということばをお聞きしたことからです。このことばに、私はあたまをバーンと打たれたように感じました。ここでいう権利とは、市民がまちをこうしたい、きれいにしたい、住みやすくしたという気持ちを行使する権利だと加藤さんはおっしゃったのです。私はすぐに加藤さんのNPOのマネジメント講座に申し込み、受講しました。

私たち（ひつじ書房）は、ことばの本の専門出版社です。マネジメントをすすめるための基礎になるコミュニケーションというものは、ことばなのではないか、つまり、ことばによるコミュニケーションがおおもとにあるのではないかと思い、「日本語」について書いていただきたいと思いました。それが、『市民の日本語』になりました。

て、議論をしていきたいという気持ちから、「ひつじ市民新書」のシリーズを企画しました。

われわれだけでは、その何かを見つけだすことはできません。本シリーズをお読みになった方々にも、このようなトピックで、あるいはこのような人に書いてもらってはどうかとのご提案がございましたら、担当者の松本までお送りくださいますようお願いいたします。

本書やひつじ市民新書につきましても、お知り合いの方におすすめいただければ幸いです。クチコミでも知ってもらいたいと思いますので、ご自身のホームページなどでもご紹介いただければ、まことに幸いです。

ひつじ書房は、大きな出版社の傘下にあるわけでも、流通上の特権を持っているわけではない、独立系の出版社、いわばインディーズの出版社です。いつもおいていただける書店も多いわけではありません。みなさまのお力添えを心よりお願い申し上げます。


ご意見・ご要望は、toiawase@hituzi.co.jpまでお願いします。

ひつじ書房　房主　松本功

図書館を市民の生活、仕事、ビジネスの支援機関に改造しようとする「進化する図書館の会」の活動を行っています。ご興味のある方は、isao@hituzi.co.jp まで、お問い合わせ下さい。

声が大きくて、理路整然としたことばが、あるいは声が大きいだけで論理的でもないことばが、はばをきかせている社会ですが、論理的ではなくても、つぶやくことばが、本質をついていることもあります。そんな小さな声を大切にすることが、日本の社会を作り直すための第一歩になる、そんな気持ちで編集いたしました。

堀田力さん（ロッキード事件の検事で、現在、さわやか福祉財団理事長）が、東京新聞（2002.12.8）にとてもよい書評を書いてくださいました。

次は、加藤さんにマネジメントの本を書いていただく予定です。どうぞ、ご期待下さい。


【担当編集者・松本功より】

ひつじ市民新書とは

日本は市民社会であり、民主制の社会であるはずだ、と思います。独裁制でも、封建主義でもないはずです。とはいうものの、市民が主体であるはずの社会で、どうもその実感がありません。本当に私たち自身が主体であるための何かが欠けているような気がします。

「それはこれだ！」とはっきりと提示することはできませんが、欠けているものの１つが、市民としてのコミュニケーションの心と技術ではないかと思います。あるいは、市民が主体になるための教育や学習も不十分だと思います。

その何かが欠けているのではないか、それらを見つけだしシーン3：おとなりの家の母親同士の会話。「そろそろお買い物にいかなければ。」「おたくの○○ちゃん、眠そうね。うちで見ててあげるわよ。ボランティアで。」

このような場面で、日本ではボランティアという言葉を使わないばかりか、むしろ「当たり前」という言葉で語られることが多い。知っている人同士、なにかあったときに助け合うのは「当たり前」という文化なのである。わざわざボランティアなどという言葉を使わなくてもよい、それが日本のやさしい文化なのである。

図のAの部分とBの部分をあわせたものを「広義のボランティア」、Bの部分だけを「狭義のボランティア」と呼べば、日本は狭義のボランティアをボランティアと呼んでいることになる。

少し前のテレビのCMで、「指一本でできるボランティア」というのがあった。車椅子に乗った人がエレベーターのボタンを押すのに不自由な思いをしているときに、そのボタンを、通りかかった人が押すだけのことなのである。このCMに違和感を感じた人もいるかもしれないが、それはおそらく、その行為をボランティアと呼んでいいのか？という怒り、戸惑い（？）なのだろう。当たり前ととらえれば、ボランティアと言わなくてもよいからである。しかし、これは図のAに当たる行為で、ボランティアといってもよい行為である（もちろん言わなくてもよい）。

さて、その後継のCMは、「ちょボラ」である。バスの停留所でのちょっとしたお手伝いのシーンがうつる。ちょっとしたボランティアという意味で、「ちょボラ」なることばが登場するのである。これも図のAにあたる。いままで特段ボランティアと言ってこなかった行為である。言う、言わないは、個人の自由だが、この違いは、実はボランティア活動への参加意識に影響を与える。

英米のように、ちょっとしたお手伝い（ちょボラ）も、本格的なボランティア活動もボランティアという語を使う文化では、図のAの部分もBの部分もどちらもボランティアであるから、組織的な活動にも入りやすい。心理的抵抗は、比較的小さい。日常的な行為の延長として捉えられるからだ。つまり垣根は低くない。ところが、図のAの部分を「当たり前」ととらえ、ボランティアとは言わない文化の日本では、逆にBの組織的なボランティア「活動」は、当たり前ではないもの、非日常的な行為になる。AとBの連続性もない。したがって、組織的なボランティア活動に参加するとなると、身構えてしまうのである。心理的抵抗は、大きい。加えて、第6章で述べるように、嫌いにさせてしまうようなことを学校がすれば、より抵抗は強くなるだろう。

体験者と未体験者の心理的抵抗の違いは、このように大きいものである。一度でも体験すれば、仮に最初は図のBの領域であっても、AとBの連続性が理解できる。「こんなことでボランティアができるのなら、やりたいときにできる」と思うのである。そして、特別なことではない、当たり前のことをしている、自分の好きなことをしている、というような意味づけを見つけていくのである。不思議なもので、これらの人々は、Aの部分のみならず、Bの部分も当たり前と思うのである。

こうしたことを考えるとき、いかに心理抵抗をなくし、「まず1回、実践してもらう」かがポイントになるのである。入り口は広い、そして中に入るとおもしろい風景が広がっているのに、入ってもらうまでが大変、というのがボランティアについての日本の状況である。市民教育やボランティア学習をすすめる際に、このようなことも頭にいれながら、推進していきたいと思う。

第4章　市民的素養を育む

前の章で述べたボランティア活動の本質を最大限に生かし、効果的に進めるためには、何をどうすればよいのであろうか。その答えのひとつとして、この章では、市民教育のひとつの手段になりうる「ボランティア学習」の考え方を紹介することにしたい。

4-1　「ボランティア学習」とは何か

日本でボランティア学習を最初に取り上げ、積極的に推進している団体は、社団法人・日本青年奉仕協会（JYVA、通称ジバ）である。

ボランティア学習には、一九七〇年代までの奉仕体験活動や福祉教育という名前で行われてきた教育活動を、ボランティア活動という自発的な活動と結びつけ、前に述べた英国のCSVの取り組みも参考にしながらすすめられてきたという背景がある。一九八〇年代から学校教育において実践が取り入れられ、JYVA主催の「十代のボランティアがつどいつくる活動文化祭」の開催をきっかけにして、学校関係者らを中心にして一九八二年に全国ボランティア学習指導者連絡協議会が誕生している。その後、地域レベルにおいてもボランティア学習に関する指導者の会が誕生し、実践が各地で行われるようになった。

JYVAの研究室では、ボランティア学習について、次のように説明している。

「①さまざまな社会生活の課題に触れることにより、公共の社会にとって有益な社会的役割と活動を担うことで、学習者の自己実現をはかり、さらには自発性を育み、無償性を尊び、公共性を身につけ、よりよき社会人としての全人格的な発展を遂げるために行う、社会体験学習である。②その学習内容は、教育的活動、社会福祉的活動、歴史及び社会文化の向上に寄与する活動、自然及び生活環境の保全、コミュニティづくり、国際社会への協力と貢献、その他の幅広い分野に渡っている。③また、ボランティア学習においては、私たちの暮らす地域社会及び国際社会そのものを学習のフィールドとしてとらえる。④こうした学習は、家庭、学校、地域、さらにはあらゆる地域社会において世代を越えて取り組まれることが大切である。⑤ボランティア学習は、人とのふれあいや自然とのふれあいなどをとおして、人の全人格的な成長と、共生と共存のための社会の創造に寄与する学習として、未来の教育に大きな可能性を開くものである。」（文中の丸数字は私が付けた。）

1番目の文は、ボランティア学習の基本理念である。ここにはボランティア活動の4つの特性が現れている。ボランティア活動の4つの特性とは、前の章でも述べた通り、自発性、非営利性、公共性、先駆性である。ボランティア学習では、学習者がこれらの4つの特性を活動を通して学んでいくわけである。また、学習者が自己実現を図ることや社会に対する有用観、自己の存在感を獲得することは、人間疎外の時代にあって、特に思春期を迎える中・高校生にとって良い影響を与えるものであろう。

2、3番目の文は、ボランティア学習の基本的な学習分野、領域を示している。書かれているように広範、多岐にわたっていることがわかる。ボランティアの分野は、前の章でも挙げたが、①社会福祉、②自然・環境、③国際交流・協力、④教育、⑤保健医療、⑥消費生活、⑦スポーツ、⑧地域振興、⑨文化、⑩人権、⑪平和、⑫情報技術、⑬災害、⑭ボランティア活動の推進、⑮その他である。

このような多様な分野を学習内容とすることから、ボランティア学習では、児童・生徒の興味・関心にあわせた題材の選択が可能となる。そして、ボランティア学習がボランティア教育でなく、学習であるという理由もここにあるのではないだろうか。教科教育のように教育内容がまず存在し、学習者がそれを知識として獲得していくという過程ではなく、あくまでも学習者主体で学習内容の選択の余地が存在するという点にボランティア学習の特徴があるといえるからである。

4、5番目の文では、ボランティア学習の特質が挙げられている。第1に、いつでも、どこでも、だれにでも、という生涯学習の考え方が導入されている。学校で実践するにしてもボランティア学習はその分野の多様性から必然的に、社会のさまざまな資源を利用して学習がすすめられることになる。いいかえれば、学校にとどまらず、地域や家庭との連携のもとで実践がすすめられていくことになる。こうした学習は学社融合（学校教育と社会教育の連携・協働）という意味で生涯学習でも求められているものである。第2に奉仕的な概念からの解放が特徴的である。ボランティア学習は単なる労働奉仕ではなく、市民社会における共存・共生のためのひとつの手段を提供しており、このような意味で、ボランティア学習は、市民教育の有力な手段となりうるのである。

ちなみに、「ボランティア教育」という言葉もあるが、一九九〇年代半ばから行政が用い始めた語であることを考慮し、「ボランティア活動を教育の諸場面（主に学校教育）に導入し、効果的にすすめるための行政の施策」としてとらえ、ボランティア学習とは区別することにしている。

4-2 ボランティア学習が人を育てる

以上のようなボランティア学習の教育的意義、特に児童・生徒（小・中・高校生）にとっての意義としては次のような点が挙げられる。

第1に、孤立的な生育環境や集団離れが指摘されている児童・生徒が、他者とのかかわりを通して人間関係を体験的に考察する機会を得ること。第2に、机上の学習ではなく、具体的な体験活動を通して、内容知と同時に方法知を獲得すること。第3に、社会的な課題を知り、解決へ向けた具体的な方策を模索することにより、ボランティア活動の意義を知り、相互扶助型市民社会の必要性を感得すること。第4に、ボランティア活動の特性である自発性・創造性などを育み、主体的、能動的な学習の機会を得ること、などである。

このことについて総務庁（当時）の『平成6年度版　青少年白書』では、次のように述べている。

「ボランティア活動への参加は、社会的な役割だけでなく、積極的に他者や社会とかかわることを通じ自己の確立や豊かな人間性をはぐくむことにもなり、特に、人格形成期にある青少年にとって極めて大きな意義を有すると考えられる。」「現代の青少年を、未来を担う人材として健全に育成していくためには、様々な人々と触れ合う多様な体験の場を提供し、青少年が社会とのかかわりの中で一人の社会的存在として自立を成し遂げることができるような環境を整える必要があろう。青少年期のボランティア活動は、そのような観点から、青少年の健全育成において重要な位置を占めると言えよう。」

青少年のボランティア活動の推進を先駆的に行ってきた巡静一は、次のように言う。
「青少年がボランティア活動を通じて、〝異質なもの〟との出会いやふれあいを通じて、それぞれの違いを認め、それらを乗り越えて協同し連帯しあっていく中で、ひとりひとりを大切にするという真の意味―人権教育―を肌と体で感じることでしょう。」「それは今日、学校教育を中心としてみられる知識の詰めこみを中心とした教育とは異なり、自ら直接の体験を通じて、さまざまな事象に自らが直接にふれたりかかわったりすることを通じて、自らの目と手と、肌と体でふれ、心身共により豊かな栄養素を吸収していく、まさしく真に生きた教育の場でもあります。」（巡静一『青少年問題とボランティア活動』日常出版、1986年）
さらに、一九九六年（平成8年）の第15期中央教育審議会第一次答申「21世紀を展望した我が国の教育の在り方について」のなかでも、青少年のボランティア活動の教育的意義について次のように触れている。
「ボランティア活動への参加は、それぞれの自発性に基づくものであるだけに、こうした活動に参加することによって、高齢者をいたわる気持ちを培い、自分たちの街づくりを通して身近な社会にかかわることの大切さを学ぶなどの教育的意義は極めて大きい。（中略）このようなボランティア活動の持つ意義を考えると、他者の存在を意識し、コミュニティーの一員であることを自覚し、お互いが支え合う社会の仕組みを考える中で自己を形成し、実際の活動を通じて自己実現を図っていくなど、青年期におけるボランティア体験の教育的意義は特に大きい。子供たちの、社会性の不足が指摘される今日、体験的な学習としてのボランティア活動に青少年が気軽に参加できる機会を提供することは急務であると考える。」、「子供たちが、学校や地域社会でのそれぞれの役割に即した活動を通して、ボランティア活動を経験し、将来、ボランティア活動を自然に行っていく契機としていってほしい。そして、『ボランティア活動は特別なことではなく、自分自身にとって身近なこと、必要なこと、大切なこと、だれにでも日常的にできることである』という認識が社会全体に広がることが望まれる。」

前段には、ボランティア活動の意義、特に青少年にとっての意義が描かれており、後段には、将来的に本格的なボランティア活動にかかわることができるような契機、つまり、準備学習（ボランティア活動のための学習、きっかけ作りとしての学習）の考え方が示されている。

いずれも、ボランティア学習が、子どもたちの社会的資質を養うこと、つまり社会力の育成にかかわるのだということを述べていることがわかる。

4-3 ボランティア学習が求められてきた

ボランティア学習が特に一九八〇年代以降求められてきた要因には以下の5点が考えられる。第1章の内容とも重複するが、ここで改めて述べておきたい。

第1に児童・生徒を取り巻く環境を要因とするものである。

少子化や人間関係の希薄化、地域のコミュニティ形成の欠如など、さまざまな原因から青少年が人とかかわり、そこから学んでいくような場が育ちにくい状況にあるといわれる。異年齢集団の活動も減少し、家庭における親子の対話不足なども指摘されて久しい。また、さまざまな生活場面でのコンピューター化は、効率的な生活という恩恵を受けることになった反面、マルチメディアの普及はディスプレイ上での疑似体験を可能にし、青少年が本物にふれる機会を減少させている。こうして現代の児童・生徒の孤立成育環境、すなわち人間疎外、本物の事物からの疎外の進行は、受験体制の激化とともに加速しているが、そのような現象を回避する具体的な活動が求められてきたのである。

第2に学校教育の在り方を要因とするものである。

近年新しい学力観、すなわち関心・意欲・態度も積極的に評価する教育システムへ移行してきているが、依然として旧来の知識注入型教育が広くおこなわれているのが現状ではないだろうか。このような弊害が指摘されている中、その具体的な解決策のひとつとして、必ずしも知識の量で評価することのない体験的で実践的な活動の導入が求められてきたのである。

第3にボランティア活動の普及を要因とするものである。

第3章でも述べたように、近年のボランティア活動に対する考え方は、旧来の「奉仕」として訳された「～のために」という概念や自己犠牲的な観念から、市民相互の支えあい、相互依存型のボランティア活動へと進展してきた経緯がある。すなわち何か特別な人がするものという考え方から市民ひとりひとりがいつでもどこでも参加できるシステムへと考え方が変わってきたのである。その例としては阪神・淡路大震災の復興ボランティア（一九九五年）や北陸地方の海岸の環境破壊に対するボランティア（一九九六年）などが挙げられる。このような人々のボランティア観の変容が教育における導入を後押ししてきたのである。また、ＮＰＯ活動の推進によって、既存のボランティア活動が非営利の活動としての市民活動と連携・協働する機会が増えたことも大きな要因である。

第４に社会の価値基準の変化を要因とするものである。

戦後復興から高度成長、そして経済大国へと発展を遂げたわが国を支えてきた経済効率優先主義もいわゆるバブル崩壊の時期からかげりを見せはじめ、人々の暮らしは精神的なゆとりの時代へと向かってきている。そのような時代の価値判断は量ではなく質であり、必ずしも金銭的な授受を第一義的とするのではなく、自己実現や自己啓発的な要素を含んだ行動や活動が価値あるものとして認知されるようになった。ボランティア活動は、このような価値基準の変容にともなって注目されるようになってきたのである。

第５に生涯学習との関連における要因が挙げられる。

一九九二年の文部省生涯学習審議会の答申（一九九二年）には、ボランティア活動と生涯学習の接点について次の3点が挙げられている。

「第1は、ボランティア活動そのものが自己開発、自己実現につながる生涯学習となるという視点、第2は、ボランティア活動を行うために必要な知識・技術を習得するための学習として生涯学習があり、学習の成果を生かし、深める実践としてボランティア活動があるという視点、第3は、人々の生涯学習を支援するボランティア活動によって、生涯学習の振興が一層図られるという視点である。」

このような振興方策の一環として、学校教育におけるボランティア活動の導入が図られるようになってきた。生涯学習システムでは、学習者が年齢に応じて利用する各教育機関の（縦方向の）垂直的統合と、学校教育・家庭教育・社会（地域）教育などの学習者を取り巻くさまざまな教育機関の（横方向の）水平的統合が必要であるが、ボランティア活動はこのいずれの統合にもかかわるものだからである。

4-4　ボランティア学習を成り立たせる3つの内容

私は「ボランティア活動」と「学習」の関係から、ボランティア学習には次の３つの学習内容があると考えている。（『ボランティア学習の概念と学習過程』、近代文芸社、1998年）

内容①……ボランティア活動のための学習（Learning for Volunteer activity）
内容②……ボランティア活動についての学習（Learning to Volunteer activity）
内容③……ボランティア活動による学習（Learning by Volunteer activity）

ボランティア活動と学習との関係は、ボランティア活動は内容①では学習の目的、②では学習の対象、③では学習の手段ということになる。以下、学習内容①、②、③と記すことにし、各々の特徴を次に簡単にまとめておく。

学習内容①の「のための」という意味は大きく2つに分かれる。第1は、ボランティア活動をするために必要な知識や技能などについて事前に学習してから臨むという場合の「事前学習」としての学習である。これは、学習過程の準備段階として位置づけられるものである。第2は、長い年月を範疇として考え、いずれはボランティア活動をするだろう人たちを育成するための「準備学習」としての学習である。これは、ボランティア活動の準備的学習とか「きっかけ作りとしてのボランティア学習」と呼ばれているものである。私はこれを「プレ・ボランティア活動としてのボランティア学習」または単に「プレ・ボランティア学習」と呼んでいる。

学習内容②の「についての」という部分はボランティア活動そのものが学習の対象であることを表す。つまり、ボランティア活動とは何であるかについて理解することが、この学習の本質となる。

学習内容③の「による」という意味は、ボランティア活動を前提として、その行為の中に学びの要素があるということである。その学びの中身としては、自己理解の促進、他者理解の促進、社会理解の促進、自主性・主体性の涵養、自己肯定観や社会的有用観の獲得がある。

この中で、特に学校教育でおこなわれるボランティア学習は、①の準備学習(きっかけ作り)としての色彩が強く、一般のボランティア活動とは区別されるのである。

このような内容をもったボランティア学習の学習目的は、その時間的な枠の差から次の2つに区分される。第1は、短期的な目的として、内容③のボランティア活動を通しての学びであり、これには個の発達・変革と社会の発展・変革の2つの側面がある。活動にかかわった本人の変容と同時に、その行為を通じた社会の発展に資する学習としてとらえるのである。このことについては次の項で述べることにする。第2は、長期的な目的であり、内容①の準備学習としての学びである。これは、将来的に本格的なボランティア活動にかかわるような人材を養成することであり、第1の目的より長い期間を見通した学習目的である。

4-5 ボランティア学習がめざすもの

先に紹介したJYVAのボランティア学習の説明によれば、そのねらいとして2つが提示されている。1つ目は、人の全人格的な成長という語にみられるような教育的機能、2つ目は、共生と共存のための社会の創造に寄与するという社会活性化機能である。このことをもう少し詳しく考えてみよう。

日本のボランティア学習研究の第一人者である興梠寛は「『自主的、主体的なボランティア活動を、学校という教育環境のなかですすめることは、本来のボランティア精神を歪曲してしまうのではないか』という批判は、尊重されるべきであります。（中略）その議論を尊重しつつ、私はあえてこのような教育実践を〝ボランティア学習〟と呼び、かつ概念づけることによって、その矛盾を解決できないかと考えています。すなわち、やがては自立した市民によって行われる、ボランティア活動に発展させるための〝準備学習〟と考えられないか、という一歩踏み込んだ考え方であります。」とことわった上で、次のように概念規定している（興梠寛「いまこそボランティア学習」、『たすけあいの中で学ぶ／JYVAブックレット№5』、JYVA出版、1994年）。

「ボランティア学習とは、人とのふれあいや自然とのふれあいをとおして、地域社会や地球社会にある多様な課題を知り、その解決のために果たすべき、公共の社会の一員としての役割を探るための社会体験学習である。学習者は、その課題を体験的に知ることによって、それぞれの発達年齢や個性に応じて、課題解決のための役割を担う。と同時に、自発的社会参加の芽を育み、公共性を身につけ自己の実現をはかり、やがては自立した人間へと全人格的な成長を遂げることが期待される。」

前半には、準備学習の考え方が示されている。また、後半は学習者の成長に重点を置いた表現となっている。

ボランティア学習を推進している常盤大学の池田幸也は次のように述べ、特に学校教育で行われるボランティア学習は本格的なボランティア活動ではなく、準備学習としての学習活動であると言っている。

「学校で展開される『ボランティア学習』とは、社会の課題に体験を通して触れ、自ら考え、より良い社会の実現に向けた具体策を創造する力を育成する学習活動である。(中略)学校での生徒会、行事、部活動など特別活動において行われる生徒の自主的活動も、生徒の参加形態や指導において学校教育活動という制約があり、それは、いわゆるボランティア活動というよりは、社会体験活動を通じて、主体性を育成するきっかけづくりをするボランティア学習であると考える。」、「ボランティア活動の活動メニューを体験的に知るチャンスを学校や地域に築いていく必要がある。このような機会を自らの活動の準備やきっかけとしての『ボランティア学習』と呼ぶことができるのではないか。」（池田幸也「教育を変える『ボランティア学習』の可能性―『ボランティア教育』を越えて」、小林繁編著『君と同じ街に生きて―障害をもつ市民の生涯学習・ボランティア・学校週五日制』、れんが書房新社、1995年）

JYVAの村上徹也は次のように述べ、ボランティア活動における学習性にふれている。

「『〜学習』というと『〜についての学習』というように、この言葉が『ボランティアについて学ぶこと』と受け取られるかもしれないが、そうではない。（中略）ボランティア活動には、人と社会へのかかわりを通して、命の尊さを知ったり、自らの社会への役割を理解するというような強い学習性がある。この点を積極的に認めて、人間育成に役立てようというのが『ボランティア学習』である。」（村上徹也「ボランティア学習のすすめ」、文部省『教育と情報』1993年8月号、第一法規出版）

一九八二年に発足しボランティア学習の推進に寄与してきた全国ボランティア学習指導者連絡協議会が組織改組し、一九九八年6月に日本ボランティア学習協会として設立されたが、その趣意書には次のように記されている。

「近年になって、ボランティア活動は、日本の地域社会においても、世界においても、人間の変革と社会の変革をめざして、その意義と役割が浸透し、これからの未来社会を築くための〝人類普遍の希望〟となりつつあります。私たちは、そうしたボランティア活動のもつ〝学びの世界〟に、いちはやく注目しました。それを『ボランティア学習』と呼び（後略）」、「『ボランティア学習』は、可能性をもってこの世に誕生した人びとが、生涯をとおして、その個性におうじたライフ・スタイルを完成するためには、なくてはならない〝学び〟であります。そして、あらゆる世代の人びとが、いのちの尊さを知り、地域社会を知り、世界を知るための社会体験や社会貢献学習をとおして、個性豊かな自己実現と人間としての全人格的成長をめざし、さらには、生きる知恵や力を育み、生命の尊厳と自律の精神を深めるための、共生と共存の社会を実現するための学びです。」

前半部分にはボランティア活動による学びが、後半部分には学習者の成長と社会活性の2側面が現れている。このように、趣意書には準備学習の考え方はあまり現れていないが、同会の会則第3条（目的）には、次の通り準備学習の考え方が示されている。

「ボランティア活動は、自由で主体的な意志をもとに、人と人との絆を深め、連帯ある社会を築くために、人びとが人間と社会の変革をめざして行なう、人類普遍の公益活動です。私たちはここに、かけがえのない地球に生きる人類の未来のために、ボランティア活動の発展に寄与する人びとを育む『ボランティア学習』の理念と実践の世界を探究し、（後略）」

また、『学習——秘められた宝』（Learning: The Treasure Within）と題されたユネスコ一九九七年「21世紀教育国際委員会」報告書は、次の4つが学習の四本柱だとしている。「知ることを学ぶ」（learning to know）、「為すことを学ぶ」（learning to do）、「共に生きることを学ぶ」（learning to live together）、「人間として生きることを学ぶ」(learning to be）の4つである。このうち、これまでの学校教育では前者2つに重点が置かれ、後者2つはそれらの偶然の産物としかとらえられてこなかったが、4つに等しいウェイトを置くべきだと提言している。すなわち、後者2つについても教育の中にきちんと位置づけていくよう喚起しているのである。その具体的実現へ向けた方策のひとつとして、これまで述べてきたような内容・ねらいをもつボランティア学習を挙げることができるのではないだろうか。なぜなら「共に生きることを学ぶ」ことや「人間として生きることを学ぶ」ことは、ボランティア学習の2つの目的（短期目的・長期目的）と密接に関連していると思われるからである。

以上のことからも、ボランティア学習には活動者本人の教育機能と、それを通して相互扶助型市民社会を形成していく社会活性機能とがあることがわかる。

4 - 6 ボランティア学習の3つのステップ

ボランティア学習の学習過程には、P（Preparation＝準備の段階）、A（Action＝行動の段階）、R（Reflection＝振り返りの段階）の3つの段階が必要であり、これを「PARサイクル」と呼ぶ（図4 - 1）。実施上のポイントは、いかにしてこのサイクルを充実させるかにある。

まず、P段階の前半では、動機づけがおこなわれる。動機づけは、児童・生徒がどのような社会的課題に関心をもっているのか、例えば前に挙げた15の分野のどれに興味をもっているのかを確認することである。もちろん、それが漠然としている場合には教師の側から例を提示することはできる。（そのための啓発的な話や資料の提示も有効である。教師の興味・関心のある題材を投げかけることも可能である。）しかし、あくまでも内容を選択する主体は児童・生徒である。どのような社会的課題に興味・関心をもっているのかを自己確認させることもボランティア学習では重要な取り組みだからである。

例えば、アンケート用紙やワークシートを用いたり、自己や社会をみつめる機会の場を提供することで、児童・生徒の興味・関心を把握し、活動計画に生かす。具体的な活動計画をたて、場合によっては事前に調査をしたり、活動場所の人と打ち合わせをしたりする作業をおこなう。そうした作業を学習の一環として位置づけ、生徒が体験活動をする意味を自ら知るようなきっかけとする。すなわち、体験活動の5W1H、誰が、いつ、何を、どこで、なぜ、どのように、するのかを学習者がきちんと把握してから臨む。

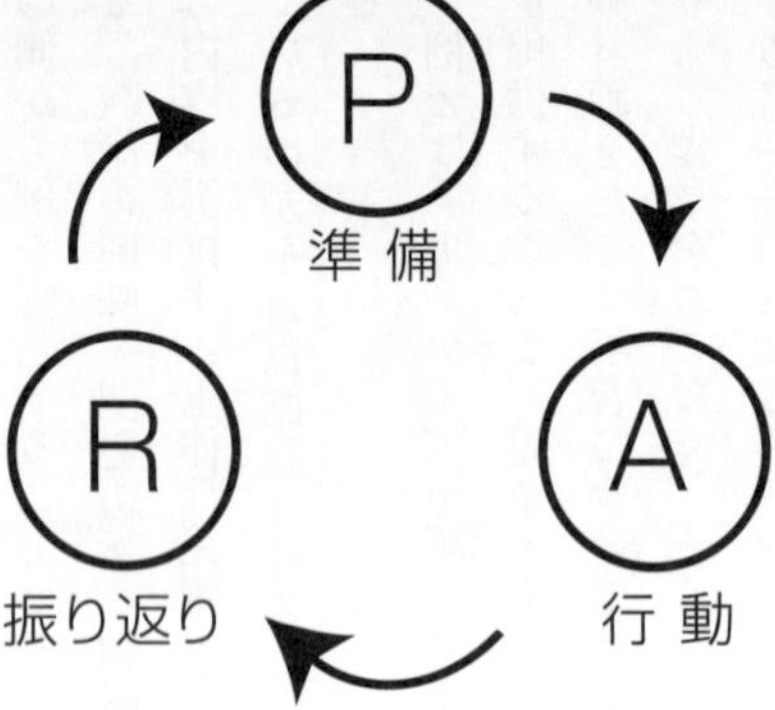

図4-1　ボランティア学習のPARサイクル

これらを十分吟味した上でP段階の後半の学習計画に入る。計画段階では、学習者の関心やこだわりを反映させて具体的に何をするのかを検討し、実行するまでのさまざまな準備をおこなう。事前学習などで、興味を喚起するような取り組みも効果的である。このように、ボランティア学習では、生徒自らが教師の助言・指導を受けながら学習計画を作成することも可能である。

第2段階のA段階は、活動体験である。ここでは三者とのかかわり（他者とのかかわり、社会とのかかわり、一緒に行動した仲間とのかかわり）を通しての学びがある。多様な体験活動をおこなう過程で他者を知り、自分を知り、社会を知る契機となるのである。なお、体験したことを客観的に見つめ直し、自己理解や他者理解に役立てつつ、次の学習内容に生かしていくことが重要である（次のR段階）。これを怠ると単なる「苦役」としてとらえられ、ボランティア活動嫌いを生んでしまうことになるので要注意である。

第3段階のR段階では、社会的課題の再発見と内省、そして次のP段階への橋渡しがおこなわれる。ここでは、学習者の視点が学習主体である児童・生徒の「外と内」に向かっていくことになる。私はこの2つの方向性をボランティア学習における「外向きのベクトル」「内向きのベクトル」と呼んでいる。

「外向きのベクトル」としては、社会的課題の確認と再発見がある。例えば、環境分野の活動をしてみて、さらに新たな課題（あるいはもっと大きな、根源的な課題）が存在していることに気づくことがある。「内向きのベクトル」としては、ボランティア活動の主体者としての自己を振り返ることによって、ボランティア活動の意義を知ることなどがある。具体的な方法としては、感想文の作成、ワークシートへの記入、児童・生徒同士の意見交換や討論、活動成果の発表会の開催、新聞作りなど多様である。

このような一連の学習過程が次のP段階にもなっているのである。新たな興味・関心を学習者本人が意識化することになるからである。教師は、それらの表現活動を組織し、観察し、適切な助言をおこなえばよい。このようにしてPARサイクルが循環していくことになる。

このようにいわゆる「体験」の場面だけでなく、その前後の取り組みをすべて含めた一連の学びをボランティア学習ととらえている。体験さえすればよいというような「体験至上主義」ではないことに留意したい。

なお、このような学習過程において、教師は、学習の支援（きっかけ作り、情報提供）をおこなうことが主な役割となる。私はボランティア学習の「仕掛人」としての教師、という立場を提唱している。このことは、次の第5章で述べることにする。

4-7 3つの対話

学びの本質を研究している東京大学の佐藤学は、学びの実践について、「学びという実践は、対象と自己と他者に関する『語り』を通して『意味』を構成し『関係』を築き直す実践なのである。」、「学びの実践とは、教育内容の意味を構成する対象との対話的実践であり、自分自身と反省的に対峙して自己を析出し続ける自己内の対話的実践であり、同時に、その二つの実践を社会的に構成する他者との対話的実践である。この三つの実践は、それぞれが相互に媒介し合う関係を示している。」、「学びの実践は、『世界づくり（認知的・文化的実践）』と『自分探し（倫理的・実存的実践）』と『仲間づくり（社会的・政治的実践）』が相互に媒介し合う三位一体の実践なのである。」と述べ、学習者の視点から三者との対話を通しての学びを提言している。（佐藤学「学びの対話的実践へ」、佐伯胖、藤田英典、佐藤学『学びへの誘い　シリーズ「学びと文化」1』、東京大学出版会、1995年）

さらに佐藤は、このような学びが現在の学校教育では成立しにくくなっているという指摘もしている。例えば、対象との対話については、教育内容としての知識が脱文脈化され脱人称化されているので対話不成立であり、自己との対話については、教室が同質の文化で構成され、他者性が欠落された環境になっているので無理であるとし、他者との対話については、教師と子どもが権威と服従を基本とする関係で組織されているので困難である、と各々述べている。こうした現状を打ち破り、児童・生徒が学ぶことの楽しさや喜びを感じ取り、主体的に学習できるような「学びの共同体」を構築することを提言している。そこで、そのための具体的な手段、すなわち上記3つの対話が成立するような学習方法を探ることが課題となっているというわけである。

この考え方をボランティア学習の「学び」の内容と比較してみたい。

①対象との対話

ボランティア学習では15の分野・領域の中から児童・生徒の興味・関心にあわせて学習がすすめられる。その際、体験を通しての学びを重視するため、その過程で得た知識は脱文脈化しておらず、その状況に「埋め込まれている」といってよいだろう。なぜなら環境ボランティア、福祉ボランティア、教育ボランティア、などさまざまな分野において社会的な課題を発見し、その解決策を考えたり、実際に行動してみることで、世界を知り、社会を知り、各々に応じた知識や技能が得られるからである。

なお、「ボランティア活動による学習」の中身の自己理解の促進、他者理解の促進、社会理解の促進、自主性・主体性の涵養のうち、「社会理解の促進」が対象との対話によって引き起こされることは、ボランティア学習が定められた知識を注入され、暗記するという型の学習ではなく、体験を通しての学びに重点をおいていることからもわかる。

②自己との対話

ボランティア学習では、学習過程として準備（P）、行動（A）、振り返り（R）の3段階と、再び次のPへと続く「PARサイクル」を重視している。R段階では、学習者自身による自己評価が行われ、活動そのもの（A段階）への反省的作用（具体的に良かった点、悪かった点などを振り返ったりすることなど）を中心に、次の活動の計画や準備（P段階）へと向かう道筋を得る作業が学習者によって行われる。そして特に内省的な作用として、学習者が自らの体験と照らし合わせることによって、ボランティアとしての自分とは何か、という自己検証が行われることになる。つまり「ボランティア活動による学習」の自己理解の促進が起こっている。また、この過程でボランティアとは何かということの理解・把握、すなわち「ボランティア活動についての学習」も同時に行われていることになる。

このように、ボランティア学習では他者や学習対象との接触（出会い、共同作業、気づきなど）をきっかけにして学習者の自己内対話が活発に行われる。このことから、とりわけアイデンティティの確立に良い影響を与えるとして、さらには自己実現、自己開示などへの好影響もあるとして、思春期にあたる中・高校生のボランティア学習参加の必要性が近年叫ばれてきたのである。

③他者との対話

ボランティア学習で「他者」とは、その学習分野・領域からもわかる通り地域の人々、活動先の当事者、一緒にかかわる仲間のすべて（教師も含めて）である。「ボランティア活動」そのものが、直接・間接の別を問わず、また学習者の意識の有無にかかわらず他者性の認知ぬきには成立しない行為であるから、ボランティア学習でも必然的に他者との対話を通しての学びが成立している。これが学習内容③「ボランティア活動による学習」の他者理解の促進の部分に相当することは言うまでもない。

ボランティア活動によって出会う多様な人々との交流・会話・共同作業などを通じて

触発されることと、一緒に活動をしていく仲間との討論・共同学習を通して友情を育んだりすることの両面において他者理解が促進されることから、学校教育のカリキュラムに位置づけられるようになってきたのである。

ボランティア学習の学習内容・方法と佐藤の提言している3つの対話とを比べ、三者との対話がボランティア学習の学習過程を通じて融合されて、各々が媒介しあっていることを確認した。ボランティア学習は佐藤のいう「学びの対話的実践」に合致した学習である。これは、佐藤のいう対話的実践を教育の諸場面に根づかせようとするとき、ボランティア学習がひとつの手段になりうることを示している。逆に、ボランティア学習をすすめるとき、このような対話が活発に行われるよう配慮することが求められるということになる。

第5章　ボランティア学習を進める

5-1　学習指導要領の中では

一九九八年（平成10年）12月告示（高等学校は一九九九年（平成11年）3月告示）の学習指導要領では、初めて「ボランティア活動」という語が登場した。小学校のもので4ヶ所、中学校は6ヶ所、高等学校は教科以外の部分で6ヶ所である。その内訳は、小・中・高を通じて「総則」の中に2ヶ所（道徳教育の関連と総合的な学習の時間）、小・中で「道徳」の章に1ヶ所、残りは「特別活動」の章である。特別活動については、小・中・高に共通して学校行事の中に、さらに中・高では学級活動（ホームルーム活動）と生徒会活動の中に、また高校では配慮すべき事項の中にも各々記載がある。

ここでは、中学校学習指導要領の6ヶ所を見てみよう。

① 第1章「総則」の道徳教育の部分

「道徳教育を進めるに当たっては、教師と生徒及び生徒相互の人間関係を深めるとともに、生徒が人間としての生き方についての自覚を深め、家庭や地域社会との連携を図りながら、ボランティア活動や自然体験活動などの豊かな体験を通して生徒の内面に根ざした道徳性の育成が図られるよう配慮しなければならない。」

学校教育の全体を通して充実させるべく道徳教育の中でボランティア活動を取り入れるよう総則の中で示唆している。ここでは、ボランティア活動を自然体験と並んで生徒の道徳性を育成する手段としてとらえていることがわかる。

② 第1章「総則」の総合的な学習の時間の部分

「総合的な学習の時間の学習活動を行うに当たっては、次の事項に配慮するものとする。

(1) 自然体験やボランティア活動などの社会体験、観察・実験、見学や調査、発表や討論、ものづくりや生産活動など体験的な学習、問題解決的な学習を積極的に取り入れること。(以下略)」

今回の学習指導要領改訂の目玉ともいうべき「総合的な学習の時間」において、その学習活動をすすめる際の配慮事項として、ボランティア活動の実践の導入が明確に述べられている。ここでも前と同様自然体験と併記される形になっており、社会体験のひとつとして例示されている。

総合的な学習の時間については、学習の分野が次のように例示されている。

「例えば国際理解、情報、環境、福祉・健康などの横断的・総合的な課題、生徒の興味・関心に基づく課題、地域や学校の特色に応じた課題などについて、学校の実態に応じた学習活動を行うものとする。」

国際理解、環境、福祉などの社会的な課題はボランティア学習の学習分野でもあり、総合的な学習の時間ではボランティア学習の実践が学習分野の面からも十分に可能なものとなっていることがわかる。また、2ケ所に「など」とあるように学習指導要領では、示されている分野はあくまでも例ということで、これ以外の学習分野の実践も学校の判断で可能であり、ボランティア学習の学習領域である人権、平和、地域振興、保健医療などの分野も実践可能である。

③　第3章「道徳」

「道徳の時間における指導に当たっては、次の事項に配慮するものとする。（中略）（2）ボランティア活動や自然体験活動などの体験活動を生かすなど多様な指導の工夫、魅力的な教材の開発や活用などを通して、生徒の発達段階や特性等を考慮した創意工夫ある指導を行うこと。」

小学校、中学校の特設の道徳の時間における留意点として、これまで読み物教材やVTR教材のような、児童・生徒の側からみてどちらかといえば与えられるもの、受動的なものに依存した指導がおこなわれてきたことに対する反省から、体験的な活動の活用や教材や指導の工夫の必要性が指摘されていた。その結果、体験活動のひとつとして自然体験活動と並列する形でボランティア活動が取り上げられている。

④　第4章「特別活動」の「A学級活動」

「(2)個人及び社会の一員としての在り方、健康や安全に関すること。

ア　青年期の不安や悩みとその解決、自己及び他者の個性の理解と尊重、社会の一員としての自覚と責任、男女相互の理解と協力、望ましい人間関係の確立、ボランティア活動の意義の理解など」

特別活動とは学級活動、生徒会活動、学校行事など子どもたちが集団活動を通して自主的・実践的な態度を養う教育活動である。ここでは、ボランティア活動そのものの実施よりも、その意義の理解について求めている。もちろん、体験活動を含めた形での取り組みも可能であり、その方が効果は大きいと思われる。体験活動を取り入れない場合には、読み物資料等を活用するか、ボランティア活動をしている人の話を聞く機会を設けるなどの形態が考えられるが、可能な限り生徒の体験活動を生かした取り組みが求められる。体験そのものを学級活動でおこなわない場合でも総合的な学習の時間、道徳や特別活動の生徒会活動や学校行事での実践の成果を生かすことは可能であり、その場合には領域(時間)の連携(リンク)が必要となるだろう。この点については、後でも述べる。
なお、小学校学習指導要領の学級活動の項には、これと同じ記述はない。

⑤　第4章「特別活動」の「B生徒会活動」

「生徒会活動においては、学校の全生徒をもって組織する生徒会において、学校生活の充実や改善向上を図る活動、生徒の諸活動についての連絡調整に関する活動、学校行事への協力に関する活動、ボランティア活動などを行うこと。」

4つの活動のうちのひとつとしてボランティア活動を例示している。これも小学校用には記述がない。これまでも特別活動の中では生徒会活動におけるボランティア活動の実践は多く報告されており、その実態を加味した形で導入が図られることになったようである。生徒会活動の場合、全校での取り組みも可能であり、委員会や有志の活動など活動形態も多様で、生徒や学校の実態に合わせた実践が可能であろう。

⑥　第4章「特別活動」の「D学校行事」

「（5）勤労生産・奉仕的行事
勤労の尊さや創造することの喜びを体得し、職業や進路にかかわる啓発的な体験が得られるようにするとともに、ボランティア活動など社会奉仕の精神を養う体験が得られるような活動を行うこと。」

すでに学校行事には一九八九年（平成元年）告示の学習指導要領で奉仕的行事が加えられたが、今回はボランティア活動など社会奉仕の精神を養う体験として明記されている。ここでは、ボランティア活動を社会奉仕の精神を養うという観点でとらえているが、これはボランティア学習のひとつの側面にすぎないことに留意したい。

中学校学習指導要領で示された6ヶ所の内容を見たが、その取り上げられ方は領域によって異なっていることがわかる。なお、小・中学校の学習指導要領には教科のなかに「ボランティア」という語はないが、高校用には家庭科と地理歴史科で登場する。小・中学校でも教科で実践を行っている事例も報告されており、教科の指導目標を逸脱しない範囲で十分可能であることを付け加えておく。

5-2　3つの連携

ボランティア学習についての教師向けの講演会でよく話すことなのだが、次の3つの連携がいま学校に求められている。①教育課程の領域間、②教師間、③地域と学校間の連携である。ボランティア学習をすすめる場合にもこれらは重要である。

たとえば、ボランティア学習をすすめる際、教科、道徳、特別活動、総合的な学習の時間の4つの領域でおこないつつ、それらをリンクして実施し、より効果的な学びになるよう配慮する必要がある（①）。また、特に総合的な学習の時間では、教師が協力して教材開発をしたり、学習計画をたてる場面が多くなるだろう（②）。小学校では、比較的うまくいっているようだが、「教科の壁」のある中・高では課題になっているようである。そして、前に述べたように、地域の人々の協力を得ながら授業を組み立てていくことも求められている（③）。

この3つの連携について述べていくことにしよう。

1　効果的な領域間連携

ボランティア学習は、教育課程のどの領域でも実践可能であり、各々の領域の教育目標と照らし合わせた学習計画が必要となる。教科では、体験活動を盛り込みやすい教科・単元については、すでに導入が試みられている。道徳では、人と人、人と自然との関わり方や、人権意識等の社会的な課題と向き合うような単元で設定することが可能である。奉仕的な側面は、勤労観とも関係することから、進路指導と絡めることもできる。実際、インターンシップ（職業体験）としてボランティア学習を実践している事例もある。特別活動では、生徒会活動や学校行事での実践が多く報告されている。特に学年ごとの行事では、学年経営に位置づけて、実施することが可能である。総合的な学習の時間は、さまざまな形態、内容、方法があり一概にはいえないが、学年で取り組んでいる場合には、学年担当の教師がテーマや題材、活動場所などを協議している事例が多い。

以上の計画立案にあたっては、学校全体の教育目標とも関連づけながら、学年としてボランティア学習をどのように位置づけるかを明確にする必要がある。さらに効果的な学習にするために、各領域で活動や学習をおこないつつ、それらを近接した時期や同時期に行うなどの工夫も考えられる（領域間のリンク）。たとえば、活動体験を特別活動で行いつつ、体験にかかわる事前調査を総合的な学習の時間で行い、その後の活動評価（振り返り）や気づきの抽出作業、あるいは活動の意義の考察を道徳でおこなうなど、方策はいろいろある。

児童・生徒の発見や気づきを取り上げ、活動体験の振り返りを繰り返しおこなっていくと、指導計画自体を見直していく必要にせまられる場面が出てくる。そうした場合を考慮しておくことも重要である。総合的な学習の時間をやや流動的にした柔軟な課程編成を策定するのもひとつの方策例である。

（1）効果的な学習システムのためのリンク

ここでいう「リンク」とは、教育課程の各領域（教科、道徳、特別活動、総合的な学習の時間）の取り組みの相互に関連性をもたせ、共通のテーマ設定のもとで学習をすすめたり、ある領域の学習成果を別の領域で生かしたりする関連づけのことをさす。

ボランティア学習に関する学習活動は、二〇〇二年度からの新しい教育課程のもとで、総合的な学習の時間、道徳、特別活動のすべてで実践可能である。また、一部の教科（例えば家庭科、公民科など）でもボランティア学習そのものではないにしても、類似の実践は可能である。このように、学校の取り組み方次第では、これらの時間を利用してボランティア学習が実践できるようになっている。

しかし、例えば特別活動の学級活動で「ボランティア活動の意義を理解する」ための時間がもたれたとして、実際の活動は全校的な生徒会活動でおこなわれていることもありうる。このような場合には生徒会活動で取り組んだ成果を学級活動で生かすことによって、ボランティア活動の意義の理解が深まるだろう。また、逆に学級活動の時間にボランティア活動の意義を理解した生徒が、生徒会活動でおこなうボランティア活動に興味・関心を強くもち、いっそう主体的にかかわるようになる、ということもありうる。このように領域を超えて、取り組んだ成果が相互に生かされていくことは他の教育活動でも多々あり、ボランティア学習の学習過程においても期待される。

したがって、領域間のリンクを効果的にすすめることは、ボランティア学習の学びの過程を重視し、「やりっぱなしボランティア活動」にならないための取り組みに寄与することになるのである。

では、具体的にボランティア学習による領域間のリンクには、どのようなものがあるか。ここでは、2種類を挙げておくことにする。

第1は、「相互還流」によるリンクである。これは特別活動と総合的な学習の時間との連携を考える際に筑波大学名誉教授・山口満が指摘している以下の考え方である。(山口満「相互補完的で、相互還流的な関係を探求しよう」、「特別活動研究」平成10年8月号、明治図書出版)

「特別活動と総合的な学習の時間の望ましい関連のあり方は、①社会的課題が生活課題というレベルでとらえなおされることにより具体的で現実的な意味を持った実践的課題に発展する。②学級や学校における生活づくりの実践を基盤にして、より広い社会の問題や課題へとつながる総合的学習が展開されるという、相互補完的で、相互還流的な関係において理解されなければならない。」ボランティア学習については、どちらの領域でも実践が期待されており、双方で実践した結果が、相互に環流されて生かされるということは十分にありうることである。例えば「オープンエンド（自由で開放的）な展開」によるボランティア学習の過程で領域を超えて取り組みが進展していくことがある。総合的な学習の時間でバリアフリーグッズについて考察したことがきっかけで、タウンウォッチングをし、町中のゴミ問題に気づく。その結果、空き缶のリサイクル問題に興味をもち、活動が全校的な取り組みに発展し、生徒会活動でのボランティア活動に発展する、などはその例である。

第2は、「総合的な学習の時間のアメーバ的活用システム」である。これは、道徳や総合的な学習の時間、特別活動を含めて、教育課程全体でリンクを効果的にするための私案である。（「『特別活動』と『総合的な学習の時間』のリンク」、日本特別活動学会第8回大会研究発表要旨収録、1999年）

教科、道徳、特別活動、総合的な学習の時間の4つをどう関連づけるか、という課題は新しい教育課程の作成上重要な視点である。私は、教科、道徳、特別活動の3つの領域は、固有のねらい、学習方法を堅持しつつ、総合的な学習の時間を進める際に3つのどの領域とリンクさせるかをその学習内容に応じて決定していく、というシステムを提案している。このシステムでは、リンクの際、学習内容に応じてリンク先が変わり、同一の学習の過程上でも異なる領域とリンクすることもありうる。また、リンクしないこともあるし、複数の領域とリンクすることもある。このように、学習の進展にともなって、かなり柔軟な形でリンクをしていくものである。まるで、総合的な学習の時間の領域がアメーバのように広がったり縮んだり、場所を変えたりしながら3つの領域と交わったりするので、標記のような名前を付した（図5－1参照）。総合的な学習の時間が最も多種多様な展開ができるため、これを柔軟に動かし、他の3つの領域を固定しておくことで、効果的なリンクになるものと思われる。また、各領域とのリンクにおいては、前述した相互還流がおこることがあることを付記しておく。なお、この方法を採る際、教育課程の編成および指導計画に柔軟性が求められることは言うまでもない。

2 教師間の連携を

筆者が中学校教諭としてボランティア学習を推進していた時の経験から言っても、学

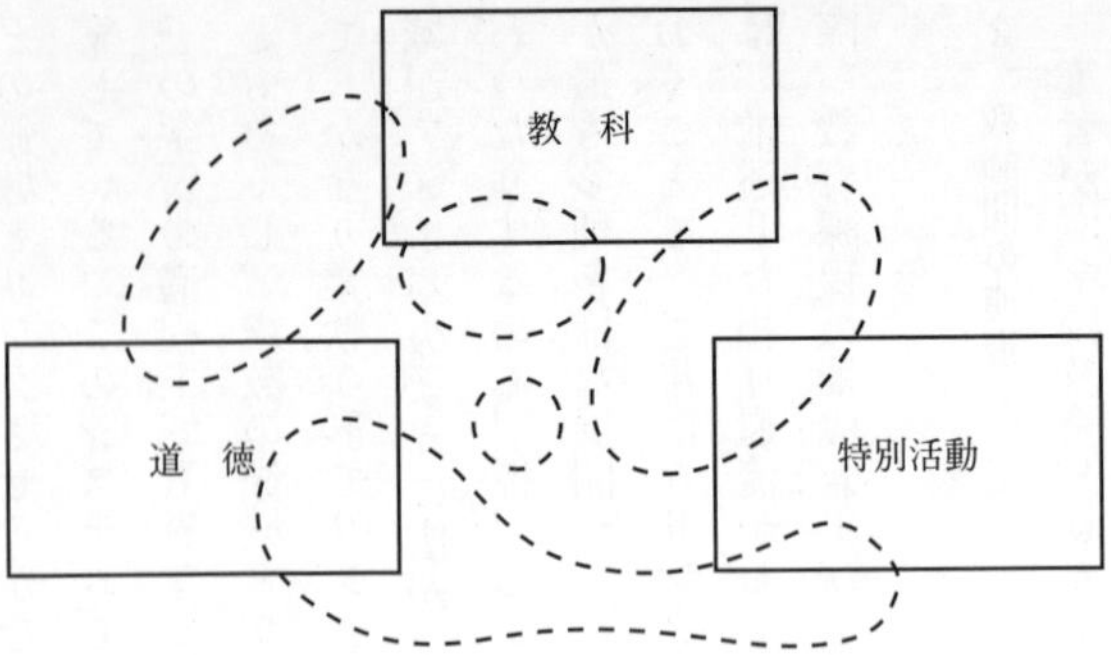

※点線の枠が「総合的な学習の時間」。
学習内容・方法に応じてリンクする領域がアメーバのように変わる。

図5-1　総合的な学習の時間のアメーバ的システム
（「新教育課程におけるボランティア学習の課題」より）

年の担当教師が協力的な場合にはスムーズに進むが、そうでない場合には効果的な学習はできない。ボランティア学習や体験活動の推進にかかわる担当者を校務分掌（学校業務の分担）で明確にしつつ、全教師の協力体制を確立しておくことが必要である。地域の人々や保護者を巻き込んで、協力体制を整えている学校もあるが、その場合にも、やはり校務分掌に明確に位置づけている。そうでないと、たまたま担当になった教師だけが過重な負担となり、長続きしない原因となる場合が多い。

このように、ボランティア学習では地域のほかの機関との連携も重要であり、外部との連絡調整など窓口になる担当者の力量としては、コーディネート能力が不可欠となる。

3 学校と地域との連携

地域や受入機関との連携で効果的な学習をおこないたい。

体験学習を成功に導く鍵は、受け入れ先の機関等との関係を良好に保つことである。すなわち、地域の教育力を活用し、学校の教育力を地域に還元する関係性をいかにつくるかにかかっている。ただし、ここでいう活用「する・される」というのは、あくまでも「双方向のもの」であることに注意する必要がある。たとえば、ある小学校の総合的な学習の時間で、地域の商店街の調査活動をしたときのことである。盲導犬が入ることができるお店を調査したのだが、それを契機に、あるお店は盲導犬が入れるようにしたのだという。小学生のまなざしが商店街を変え、逆に子どもたちは商店街から多様な課題を発見させてもらったのである。どちらも学んだというわけである。この場合、一方が他方に「施した」というのではなく、お互いにとって有益な時間を共有できたという事実が重要なのである。いくつか例を挙げる。

①有名な「トライやるウィーク」

兵庫県では、県内の中学2年生全員に1週間の体験活動を実施している。各学校においては、商店、企業、福祉施設、NPO団体等さまざまな勤労就業体験等の場を確保し、生徒が自分の興味や関心に応じて場所を選び、希望の調整を教師がおこなうというシステムである。安全面を考えて、単独行動は避けさせ、同一の受け入れ場所で複数の生徒が体験するようにしているという。実施時期は各学校において定め、受け入れ場所との事前打ち合わせは、学校と受け入れ先の協力関係のもとで、綿密におこなわれるとのことである。その成果については、すでに報道等さまざまな機会に発表がなされ、全国から多くの視察者が訪れたほどであった。

②商店街との連携で

東京都小平市立小平第六小学校では、地元の商店街と協力して、総合的な学習の時間に、勤労体験を実施している。その結果、明らかに子どもたちが商店街に向けるまなざしが変化したこと、商店の側からも歩いている子どもに声がかけやすくなったこと、など双方にとってのメリットがあるという話を聞いた。子どもたちが社会を知るための良い機会であるとして、今後も積極的に実施していく予定であるとのことである。

③企業の協力で

大手、中小を問わず、企業の協力で体験学習をおこなう学校も出てきている。企業側も社会貢献活動をおこなうことでイメージアップを図ることができ、双方にとって有益であり、積極的に導入しようという動きが加速してきている。また、経済同友会などの団体も、各企業と学校の間に入って調整・紹介をするなど推進・協力態勢を整えている。このような形も今後増えていくであろう。

5-3 教師がファシリテーターになる

1 指導・助言・学習支援のポイント

①児童・生徒の興味・関心に応じたものを

教師が用意した風呂敷の上に生徒たちをただ乗せるだけというのではなく、目的意識をもたせるような工夫が必要である。その最も良い方法は、児童・生徒に「選択の自由を保障すること」である。いくつかの体験メニューを用意しておき、選ばせるのである。また、動機づけが重要であり、事前指導では、体験の意義を確実に理解させたい。体験すること自体を苦役と感じさせるような助言・指導ではなく、活動の意味を考えさせるような指導を展開することが肝要である。このことは、体験前だけでなく、体験中や体験後も同様である。

②体験後も大切に

市民教育としてのボランティア学習は、体験そのものにも意味があるが、児童・生徒が体験したことをどうとらえたかが、成功かどうかの鍵を握っている。つまり、体験至上主義でとらえるのではなく、学びとして構成することである。何をしたかではなく、何を感じたかが重要なのである。そこで、事後指導を充実させ、児童・生徒の自己評価を促進させるよう配慮する必要がある。その場合、単なる反省や感想だけではなく、活動の社会的意味や、自身の対人コミュニケーション能力などにも思いを寄せることができるよう、助言内容を工夫するのである。例えば、アンケートやチェックシート（自己評価票）の場合には設問項目を工夫したりすることが挙げられる。また、作文が苦手な生徒には別の方法を示すなど、多様な表現方法を用いて、生徒の「気づき」を意識化させたいものである。

③結果を急ぎすぎない

体験活動の場合、体験したことがすぐに、目に見える結果となって現れるとは限らないから、長い目で見て指導するとよい。教科の学習と同じように、児童・生徒の反応や気づきには個人差がある。すぐに態度変容に結びつく児童もいれば、体験したことが後になってからじわじわと効いてくるというような生徒もいるだろう。したがって、体験活動をすればすぐに「良い子」になるというように考えないことである。

Prepare（準備）、Act（行動）、Reflect（振り返り）のPARサイクルを繰り返していけば、その生徒にとって何が学びとなっていたかが明確になってくる。重要なことは嫌いにさせないで持続させることである。そのためには、動機づけと内容の選定に留意することが重要である。達成感の得られるものや、人とのかかわりが必要なもの、感動を呼び起こすようなものなどを意図的に仕掛けるということも時には必要である。

④活動場所の確保

ボランティア学習では、学習過程（準備、事前学習↓体験活動↓振り返り）立案の際、全体計画と照らし合わせて、ふさわしい内容とそれに見合った体験場所を確保することが重要である。

この場合、特に強調して言っておきたいことは、すぐに「社会福祉施設を探す」と短絡的に考えないことである。いま、全国の社会福祉施設は、通常業務に加え、さまざまな実習を受け入れており、児童・生徒のための体験の機会を提供できる余裕のある施設は、そう多くはない。すでに協力関係を築いているところはよいが、新規に開拓するのは結構大変であると考えてほしい。むしろ、「奉仕＝福祉＝施設」という極めてワンパターンな発想から離れて、活動場所を選定する必要があるといえるだろう。環境系、国際協力系、地域振興系、ＩＴ系、消費生活系など探せばいくらでも見つかるはずである。学校のもつ地域の情報ネットワークを最大限に利用することが成功への近道と言えそうである。例えば、大阪市内のある学校では校医がキーパーソンになり、すべての活動場所の確保を行い、効果をあげている。

また、学校外に出るだけがボランティア学習ではない。校内でもできる、という発想もあってよい。ただし「清掃活動」というのも極めてワンパターンであることを付記しておく。発想を豊かにして活動内容を検討してほしい。

2　先生たちの意識を変える

ボランティア学習を効果的にすすめるためには、教師が意識改革をする必要がある。すでに述べたように、新しい教育課程のもとでボランティア学習をすすめる際、前に述べたような自由で開放的な展開の学習もありうる。また、児童・生徒の興味・関心を生かした取り組みでは、必ずしも教師が計画した学習過程の通りにはならないこともありうる。そのような形の学習の在り方を教師が受け入れることができるかどうか、ということである。また、社会的課題への接近をテーマとした学習の場合には、生徒と教師が一緒に学ぶ場面（教師が初めて知る事柄が存在する場面）もありうる。教師が知っていることを生徒に伝達するという知識伝達型（あるいは知識注入型）の教育に慣れた教師には、多少の意識改革が求められるだろう。

そのために、教師の養成段階に求められるものは何だろうか。

二〇〇〇年（平成12年）度の新入生から適用された新しい教育職員免許法のもとでは、教員免許状を取得するために必要な科目のうち、「教職に関する科目」の必要単位が大幅に増加し（中学校免許で19単位から31単位へ）、より資質のある者の免許取得を期している。その増加した必修単位の中に、ボランティア学習に関連したものとしては「総合演習」（2単位）があり、新しい教育課程のもとで実施される総合的な学習の時間に対応できる教師の養成が期待される。その養成課程でおこなわれる教育に求められるものとして、特にボランティア学習の観点からは以下の2点が挙げられる。

(1) ワークショップ形式の学習方法の理解とファシリテーターとしての技術習得

知識伝達型の教育ではない形式の学習方法として、例えば参加者が各々の持ち味を生かしながら作り上げていくようなワークショップ型の学習がある。そのような型の学習を実際に体験し、その手法と意義を理解し、さらには、自らがファシリテーターとしてワークショップを運営できるような技術をも習得することが求められる。facilitateは

「促進する」という意味で、ワークショップ型（参加体験型）学習をリードし、学びを促進させる役割を担う人をファシリテーターと呼ぶ。このようなスキルは、特別活動や総合的な学習の時間のみならず、教科指導の技術力も向上させるものである。

（2）社会的課題への関心と理解をもった人材の養成

ボランティア学習の学習分野である環境、福祉、国際理解、人権、平和などは、そのまま総合的な学習の時間の学習対象となることは前に述べた。したがって、そのような社会的な課題への関心と理解をもった人材を育成し、総合的な学習の時間などでのボランティア学習実践が円滑におこなわれるようにしなければならない。教師になるために必要な素養としては、教科に関する知識、人間性、児童・生徒に対する適切な教育観、表現力、指導力など多様であるが、その中に、このような観点も加えておくことが要請されるだろう。また、社会的な課題への接近は、知的理解のみならず、体験的にかかわってみることも必要であり、その意味ではこれから教師を目指す人材にとって、ボランティア学習の体験も必要ということになろう。関係機関は、このような場を提供するよう努めなければならない。

5-4 奉仕活動とボランティア学習は同じものだろうか？

一九九〇年代後半からボランティア活動の推進や学校におけるボランティア学習の導入などが、ゆるやかに進展してきた矢先、突如として「奉仕活動」の義務化問題が勃発したことは記憶に新しい。このことについて、簡単にふれる。

1 奉仕活動の推進の経緯

奉仕活動推進の直接の発端になったのは、首相の私的諮問機関「教育改革国民会議」が発表した「教育を変える17の提案」（最終報告　二〇〇〇年（平成12年）12月22日）である。その3番目に、「奉仕活動を全員が行うようにする」とある。その中身は、①小・中学校で2週間、高等学校で1か月間、共同生活などにより行う、②指導には、社会各分野の経験者、青少年活動指導者などがあたる。親や教師も参加に努める、③将来的には満18歳後の青年が一定期間行うことを検討する、というものである。(中間報告では「満18歳の国民すべてに1年間義務付ける」となっていたものがトーンダウンした。)

提案の背景には、二〇〇〇年に少年犯罪がクローズアップされ、教育を変革することで解決を図ろうという空気があったことは確かである。脆弱な体験しかもたない若者に、共同生活によって厳しさに耐える体験をさせるということが主旨であった。

その後、この報告を受ける形で、文部科学省が「21世紀教育新生プラン」を発表し、奉仕活動の推進については、ほぼ同様に記された。さまざまな議論があったが、二〇〇一年(平成13年)に学校教育法、社会教育法が改正され、条文に「ボランティア活動などの社会奉仕体験活動」を充実させることが盛り込まれた、という経緯がある。

2 学校における奉仕活動とボランティア活動

学校教育における奉仕活動については、すでに一九八九年(平成元年)告示の学習指導要領に、奉仕的活動や奉仕的行事として記載されており、教科以外の特別活動を中心に取り組みがおこなわれてきている。ただ、今回の提案は、具体的な日数が明示されており、これまでの学校裁量でできるのものとは異なっていることに注目する必要がある。一連の教育改革においては、総合的な学習の時間の内容選択、教科指導の柔軟性、学区の自由化への流れなど、いずれも学校裁量の枠を拡大し、行政の規制緩和が進められてきているが、それとは違う流れである。また、学校行事など体験的な活動は、ここ数年、学校5日制への移行に備えて、精選ないしは厳選するという方向で進んできたが、この動きとも対照的である。

一方、すでに述べたように一九九八年（平成10年）告示の学習指導要領には、初めて「ボランティア活動」という言葉が入った。この背景には一九九五年の大震災後のボランティア活動の広がりを契機にして、ボランティア活動の教育的意義が認知されてきたことがある。そして、社会体験と個人の学びとが融和された形のものとしてのボランティア学習の重要性が、中央教育審議会、生涯学習審議会等で相次いで出され、学習指導要領に記載される道を開いたのである。しかし、奉仕活動とボランティア活動の違いについては整理されないまま、実施されてきた感がある。今こそ、ことばの整理が必要である。

二〇〇二年7月に出された中央教育審議会「青少年の奉仕活動・体験活動の推進方策等について」(答申)では、「用語の厳密な定義やその相違などに拘泥することの意義は乏しい」と述べられているが、果たしてそれでよいのだろうか。

3　ボランティア活動と奉仕活動の違い

教育改革国民会議の提案する奉仕活動の中身については、次の発言が参考になる（第1分科会第2回議事概要、二〇〇〇年6月15日）。

「(曾野委員) 満18歳で奉仕役に動員することを提案したい。共同生活、質素な生活、暑さ、寒さ、労働に耐えることなどの基本的なことを行う中で相手の立場に立つこと、生き抜く知恵を含めた人間的な勉強ができる。小中で1〜2週間、18歳で1、2ヶ月ぐらいから始めてもよいが、是非このことが実現できる予算をつけて欲しい。」

苦役を課してそれに耐えつつ、人間的成長を促すことを目的にするということである。これに対してボランティア活動は、多様な分野の社会的課題を解決し、誰もが暮らしやすい社会を創造する一つの手段である。学校教育では、その多様な課題に出会わせ、あるいは発見させて、それらを解決する手段を体験しつつ考えることで将来のボランティア活動への「きっかけ作り」とするのである。共同生活で耐えることを主眼として苦役を課すのとは異質のものである。活動の内容や形態によっては、同じように見えるものもあるかもしれないが、主旨が違う。

4　米国におけることばの整理

米国ではボランティア活動と奉仕活動、そして学校でおこなう学習的要素の強いものをどのように区別しているのか。これについては興梠寛が、次のように紹介している（興梠寛「ボランティア活動と奉仕活動」、「青少年問題」二〇〇一年1月号、財団法人青少年問題研究会）。

Volunteering　活動者の主体性が最大限に尊重された、市民による他者へのサービスの提供を目的とした民間・非営利の活動

Community Service　あらかじめ設定された社会的契約や制度の制約のもとに行うサービ

ス活動（服役や兵役の代替としての活動も含む）
Service Learning　ボランティア活動のもつ社会的役割や自己啓発への力を認識した上で、意図的に人間やコミュニティが必要とする状況をつくって、学生がアカデミックな学問を社会への貢献をとおして学び深めるための、互酬的な経験学習

これをみる限り、教育改革国民会議のいう奉仕活動はCommunity Serviceに近く、学習指導要領に記されたボランティア活動はService Learningに近いことがわかる。そして、学校のカリキュラムではない一般の自発的な活動がVolunteeringである。この整理の仕方も今後の議論や実践の参考になるだろう。

5-5　米国のサービス・ラーニング

サービス・ラーニング（以下、ＳＬ）は、コミュニティ・サービスと教育活動とを密接に結びつけ、教育の手法として再編したものである。その手法について東京国際大学の原田正樹は、次のように述べている。

「SLでは、学習課題の明確化↓題材設定↓事前学習↓体験↓振り返りに至る学習過程が、体系的なカリキュラムになるように留意している。特に学習内容と地域貢献によって、その教育効果が高まるとされている。そのためには目的やねらいを明確にして、体系的なカリキュラムを構成することが求められる。このacademic curriculumが重視されることによって、体験のやりっ放しや、教科学習と体験学習がかけ離れたものにならないように構成されるのである。」（原田正樹「アメリカのサービスラーニングの展開」『日本福祉教育・ボランティア学習学会年報』vol.6　2001年）

本質的には、教科の学習をより効果的にすすめるために、その手段として地域貢献のプログラムを内在させようという試みである。形態にもよるが、教科と別枠でおこなうというわけではない。体験と学習の相互補完、相互環流の考えを最大限生かそうという意図が伝わってくる。教科の学習内容が社会の何に役だっているのかを体験を通して感得させることによって、学ぶことの意味をも自覚させることもできよう。同じく原田の次の指摘も重要である。

「SLでは、この体験の質を高めていくために、これまでの蓄積からいくつかの視点が示されている。①リアリティのある体験であること、その体験自体に現実的な課題が内包されていること。②学習ニーズ（教師・生徒）と地域ニーズが合致した体験であること。③地域社会に対して、貢献できる体験であること。④ある一定期間、継続できる体験であること。」

近年、日本の福祉教育やボランティア学習において、擬似体験ですべてが完結してしまうような学習が広まってきてはいないだろうか。体験を体験のための体験にせず、地域と自己、他者と自己を切り結んでいくようなものにするためには、ＳＬのような学習システムを構築していくことが求められる。

もうひとつ、市民教育とボランティア学習の接点を感じさせるＳＬの動きを述べる。それは、静岡大学の唐木清志が紹介しているActive Citizenship Today（ＡＣＴ）である。中学・高校生用のＳＬの学習プロジェクトとして、民間の財団が開発したもので、社会科をベースにした学習である。そのねらいは、「コミュニティ・サービスと公共政策の研究を、社会科カリキュラムのなかで統合することによって社会科教育を改善し、民主主義への効果的な市民参加を促進させること」だという（唐木清志「アメリカの地域学習論から地域教材の開発技術をどう学ぶか」、今谷順重編集『「総合的な学習」指導の手引き№2』教育開発研究所、1999年)。

そして、この学習では、次の5つの学習プロセスと6つの学習要素が重要な視点であるとしている。

・5つの学習プロセス
①コミュニティを調べる
②ある問題に焦点を絞る
③解決策を模索する
④選択肢を調べる
⑤行動する

・6つの学習要素
①学校に基づくサービス学習
②公共政策の研究
③学校と地域のパートナーシップ

④参加的な学習
⑤振り返り
⑥多様な評価

原田の論考と同様、唐木の紹介するＳＬについても、市民教育としての学習要素が明確に入っており、さらにそれは本書の第２章で紹介した英国の市民教育の具体的なプログラムとも共通の部分が多いことがわかる。要は、次代を担う子どもたちに、民主主義をどのように体験し、体感し、体得してもらうのか、という点に集約されると思う。そして、日英米それぞれで、そのための学習内容の整備、学習方法の模索等が、一九九〇年代後半から共通の認識としておこなわれてきたことは興味深い。こうした取り組みは、民主主義国家を営む人々の同時代的な共通の責務なのであろう。

第6章　「市民性」の獲得へ

6-1　ボランティア学習の事例から

1　気づきのない事例、ある事例

私が中学校教諭時代に生徒に聞いてみたところ、小学校時代にボランティア活動をしたことのある生徒が数名いた。そのうちの一人は「嫌い」で、もう二度としたくないというのだ。なぜかと聞いてみると小学校時代に、地域の川原を掃除し、ゴミ一つない状態にして、それをボランティア活動と呼んだそうである。完全に「させられた」のだという。「暑い、汚い、つらい」からもう嫌だというわけである。

このような活動自体に意義がないわけではない。つらいことを避けたがる現代の子どもたちには、むしろ必要な活動ともいえるだろう。ただここで問題なのは、「やらせて

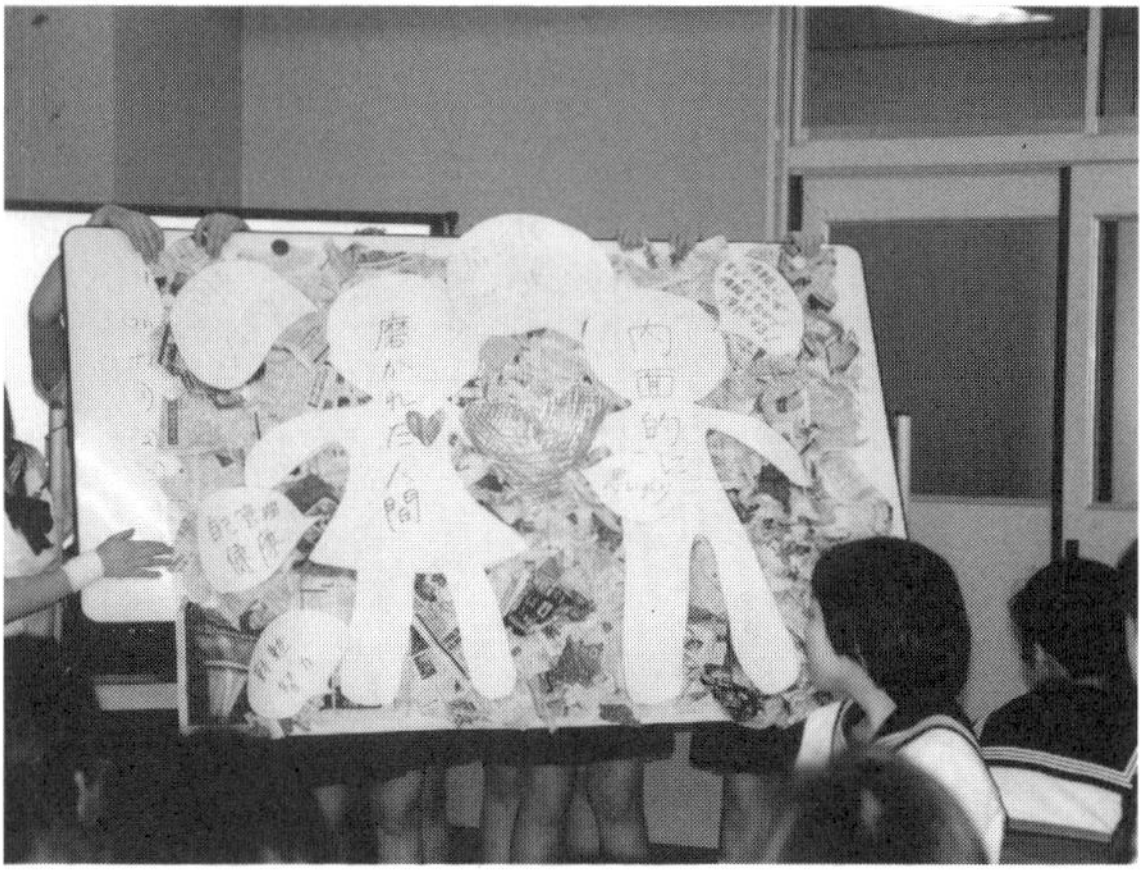

ワークショップで共同作業、そして発表

終わり」のその活動をボランティア活動と呼んだことである。前後に学習がないのなら「地域清掃活動」でも「クリーンアップ活動」でもよかったのではないだろうか。これで、その子どもはボランティアが嫌いになってしまい、もう二度とボランティア活動をしたいとは言わないだろう。このような活動が、いま、学校で広まってはいないだろうか。

では、どうすればよいか。

仮に川原掃除をするにしても、そこに至る（もしくは、その後の）プロセスを大切にしたい。「ＰＡＲサイクル」による学習過程をつくっていくことである。たとえば、なぜ掃除をするのかを考えさせることで学習に結びつく。あるいは、終わったあとで、なぜその場所に空き缶が多く落ちているのかを考えさせる。ある学校では、ゴミが多く捨てられている場所とジュースの自動販売機の場所との関係性を子どもが発見し、さらにゴミを捨てないようにという立て看板を作り、立てるという学習展開をしていった。その成果を市役所に報告し、さらにゴミ問題の学習へと発展していった学校もある。こうなると教師も結論が見えない。だからおもしろいのである。リサイクルの運動から環境分野のボランティア学習に発展するかもしれないし、校内のゴミ問題という身近な課題に引きつけて考えるかもしれない。子どもの方が教師よりも良い答え（解決策）を探し出すかもしれないのである。まさに、「教師も学ぶボランティア学習」が展開されていっている。

このような課題解決型の学習としてのボランティア学習は、「生きる力」の育成にも役立つことだろう。こうした学習が進んでいくとき、教師の役割は、あらかじめ用意しておいた教材を年間計画にしたがってこなすことではなく、子どもの声・意見・考えを認め、次の学習への橋渡しを助ける役を担うことである。

2　人間関係を紡ぐボランティア学習

(1) A君と仲間たち

A君は、私が中学校に勤務していたときの生徒であった。朗らかな性格で周囲の生徒からも慕われていた。彼が一年生のとき、担任だった私が企画して「ボランティア体験学習」を実施したことがあった。学年全体の生徒に呼びかけ、希望した生徒が社会福祉施設で一日体験をおこなうというものであった。体験の内容は、食事の介助、話し相手、レクリエーション、清掃活動などさまざまである。20人ほどが参加したが、まじめで優しい人柄のA君はまっさきに応募してくれたと記憶している。

施設に初めて足を踏み入れたA君たちだった。最初はぎこちない態度で緊張しているようだったが、しばらくすると打ち解けて、高齢者や障害者とも会話がはずんでいた。また、夕方近くになるとボランティア受け入れ担当の施設職員のかたとも冗談を言い合っていた。いささか引込み思案なところもあるA君だったが、物怖じしないB君、冗談の得意なC君、ひょうひょうとした態度のD君らと一緒だったためか、安心してさまざまな人々と交流を深めて一日が終わった。

その後、この4人は学期に一回の体験学習にほぼ毎回のように参加し、三年生になった頃には施設の職員や利用者のかたに顔と名前を覚えてもらうほどになっていた。すっかりボランティアのおもしろさを体得したのか、学校内にボランティア同好会を設立し、車いす介助の仕方などを熱心に研究したり、他のボランティア活動にも参加したりして、次第に活動領域を広げていった。そして行く先々で新たな人々との出会いを経験し、知人を増やしていったのである。

そして、そのうち私がコーディネートしなくても、自分たちで施設の行事に有志で参加したり、積極的に活動先を開拓したりしていくようになって、卒業していった。この4人は、C君を除いてはおとなしい部類の生徒で、クラスでもどちらかというと目立つ方ではない。運動が得意な生徒が一目置かれる男子校にあって、4人ともそのようなタイプでもない。しかし、彼らに寄り添ってきた私には、実に生き生きとした表情で活動に参加し、対人関係を育み、その世界を楽しんでいるように見えた。ボランティアなる行為そのものよりも新たな出会いとふれあいから得ているものの方が大きいように思えた。

ボランティア活動が紡ぐ人間関係。それは高校生の時から関わってきた私自身の経験からも重要であると確信している。それは対人関係を基盤とした「学びの世界」でもあるからだ。この「学びの世界」の中身は何だろうか。

その前に、その後の彼らについて補足を。4人とも高校に入っても何らかの活動を続けていたと聞く。A君はベトナムへ行ってボランティア活動をしてきたと聞いた。発展性に驚くばかりである。

（2）ボランティア学習が紡ぐ多様な人間関係

ボランティア活動は、ある意味で「社会的な課題」と向き合う行為である。したがって、その課題と向き合う人々や課題をかかえた当事者たちとの出会いを必然的にもたらす。A君たちがさまざまな人々との出会いの連続という事態に遭遇したのは、そのためである。ボランティア活動をすると、そこには恩恵を受ける人々がいて、一緒にその活動を推進する人々がいて、それを取り巻く人々（たとえば社会福祉協議会の人々など）がいるのである。（ここで「恩恵を受ける」とは固定的な関係ではなく、あるときは助けられたが、別のある場面では誰かを助けるという相互扶助の考え方に基づいている。）

このようにみると、ボランティア活動は単なるやさしさを具体化した行為という枠にとどまらず、社会的な行為であるといってもよい。もう一度A君たちの事例に立ち返って考えてみよう。彼らがボランティア活動をすることによって出会った人々には、例えば次のような立場の人がいた。

第1に、活動先の人々。施設の利用者、職員、出入りしている業者の人々などである。第2に、中間機関の人々。社会福祉協議会やボランティアセンターの人々など。車椅子を借りにいったり、相談にのってもらったりして知り合いになった。第3に、地域の人々。施設のバザーなどには、さまざまな人々が集っていた。第4に、活動仲間。4人を結ぶ接点は学校内の他の活動には見当たらず、ボランティア活動によって結びついていた。また、活動先に来ている別の中・高校生とも知り合いになっていた。

（3）共生のネットワークで育つ少年少女たち

学校という、いわば「同質・同年齢の空間」にいると、なかなか味わえないことでもボランティア活動を通じて感得できることがある。その一つが「異質との出会いと受け入れ」ということである。自分とは立場、環境、身体能力、年齢、人種などの違うさまざまな人々との共存・共生というテーマを考え、その課題に向き合い、解決策を模索し、アクションを起こすという一連の行為は、ある意味で異質を受け入れることである。もう一つは、そうした共生のネットワークのもとで育まれる「社会的な有用観」である。「自分でも他者や社会の役に立つことができる」という感覚が、少年少女を成長させるのである。反対に、自分は役に立たないと感じている若者ほど反社会的な行動に向かうのではないだろうか。「人は必要とされておとなになる」とは、英国でボランティア活動の父と呼ばれ、青少年のボランティア学習を広く振興させた故アレック・ディクソン氏がよく用いていたことばだそうである。

3　市民教育の学習展開例

次に示すのは、総合的な学習の時間を想定して、市民教育の学習計画を日本的にアレンジして構想した私案である。参考にしていただきたい。

（1）学習のねらい

身近な地域の社会的課題の発見とその解決策の模索・実行・検証を通して地域社会に対する理解を深める。また、学習仲間や地域の人々とのふれあいを通して、対人コミュニケーション能力等、民主的な社会の一員としてのスキルを向上させ、社会力を養う。

（2）学習過程（40時間を想定）

この学習は、小・中・高校の各々の段階で発達段階に合わせた実践が可能である。

①第1段階：他者との関係性を感じ取る

［他者とかかわることの良さを実感させ、そのために必要なスキルを体得させる。社会力の第一歩はクラスメートとの関係性からである。］

○グループレクリエーション（他者性を感じ取るゲーム）

○グループワーク（協力ゲーム、傾聴のトレーニング）など

②第2段階：地域と暮らしと私（社会的課題の発見）

［社会的課題の発見を通して、身近な地域を意識化し、再発見させる。また、聞き

取り調査を通して、地域の人々との出会い、ふれあいの場を意図的に用意する。」
○街の社会的課題についての考察
○調査活動（タウンウォッチング・情報検索等による）
○インタビュー内容の検討と調査活動（聞き取り調査）
○調査のまとめ（問題分析）と発表
③第3段階：行動（課題解決の模索と実行）
「「一方通行の手助け」で終わらないようにする。役に立ったということだけに特化した体験活動にならないよう留意する。」
○活動計画の作成、記録の仕方についての演習
○地域での活動のマナーを考える（ワークショップ形式）
○地域での活動（ボランティア活動のさまざまな分野にかかわる）
社会福祉、自然・環境、国際交流・協力、スポーツ、教育、保健医療
消費生活、文化、地域振興、人権、平和、情報技術など多様
④第4段階：まとめ、深める（表現活動）
「文章表現だけではなく、口頭表現や作品の製作など、多様な方法を用いる。また、

自己評価では、評価票の記入と合わせて、自ら評価項目を策定できるよう支援する。」

○活動成果についての発表、その方法の検討と模索

（例）・提言活動（マスコミ、行政への提言など）

・発表会（口頭発表、展示発表）、

・作品の製作・制作（芸術的なもの、ＶＴＲ等）

・凝縮ポートフォリオの作成、文集作り

・地域の人々を招いて交流会

○まとめ（自己評価等）

(3) 備考

○すぐに「施設へ行こう」「車椅子に乗ろう」「点字学習をしよう」などとはならない。ニーズにかなったものだけを抽出しておこなう過程が埋め込まれている点に留意したい。

○学習の過程で社会科、公民科、生活科、家庭科、国語科などの教科との関連性

も視野に入れて、指導にあたるとさらに効果的になる。もちろん、活動のマナーを考える時間で道徳と、活動そのものの時間で特別活動と、各々リンクすることもありうる。

6-2 私の体験から

1 原体験としてのボランティア

他界して20年以上経つ祖父は、晩年に白内障をわずらっていた。何度か手術をしたようだったが、視界は極端に狭くなっていた。今の私が再現しようとしたら、おそらく微かに薄目をあければよいだろう。そんな状態だから外出するのは大変だったように思う。私が小学生の頃はよく、私の両親、私とともにデパートなどに買い物にいった。そのとき、これは最近思い出したのだが、必ずといってよいほど私が祖父の手を引く役になっていた。それは孫として当然のことのようにも思われ、当時は別段何も考えていなかった。ただ祖父と手をつなぐことができてうれしい、とだけ思っていた。

さて、駅までの道、駅、電車の乗車・降車、駅からの道、人込み、デパートの狭い通路、と案外気が抜けないのだ。祖父に席を譲ってくださる方への会釈も忘れないようにする。だが、最初のうちは何度も失敗して、危ない目にあわせてしまった。電柱にぶつかる、水たまりに入る、などなど。また、急に祖父の前を横切る人に対して無防備であることにも気づいた。次からは私が半歩くらい前を歩くようになる。ステッキを持つ手を無理にひっぱると方向がわからなくなり、困惑している様子。次からは反対の腕の肘を後ろからあてがうようになる。こうして長沼少年は、知らないうちに誰に教わることもなく効果的な介助法を会得してしまった。

ずいぶんあとになって、たまたまボランティアの活動先で目の不自由な人の介助法を教わる機会があった。それが、以前会得したものとほぼ同じだったのには驚いたが、そのことに気づいたのは、つい数年前のことであった。

私がボランティアに興味をもつようになったのも、このような原体験があったからかもしれない。そう思うようになった。

2　Yちゃんのひとこと

私が、最初にボランティア活動にかかわったのは、高校2年生のとき、やはり今から20年以上前の話である。

きっかけは、突然訪れた。社会科の授業で、先生が紹介した活動に耳を傾けたのが最初である。「小さな子どもたちと遊ぶ活動がある。興味のある人はぜひ参加してください」と。詳しい話を先生に聞きにいくと、先生は笑顔で答えてくださった。それは月に2回土曜日の午後に母子寮というところで活動しているボランティアであること、学校から30分ほどの場所に行くこと、社会問題研究会という部活の活動であるが、部員が全員卒業してしまい、いま誰もいないということ、などなど。私にとっては、「枝葉の部分」は正直いってどうでもよく、小さい子どもと遊ぶというフレーズに憧れて、門をたたいたのだった。このとき、ボランティアという語は「枝葉」にすぎなかったのである。

そして、卒業した先輩たちとも一緒に参加するということになり、先輩からレクチャーを受けた。母子寮では母親が働いているので、土曜日の午後2時〜5時に子どもたちと遊ぶ活動なのだということ、子どもは幼稚園〜小学生（10歳くらいまで）が対象となっていることなどが説明を聞いていてわかってきた。

先輩に連れられて初めて行ったときは、さすがに緊張したが、子どもたちともすぐにうち解け、楽しく遊んだという記憶が残っている。実は私には、いとこがたくさんいるが、そのなかで一番年が上であることもあって、親戚が集まると必ず私が小さい子と遊ぶ役であった。それは私の楽しみであった。そう、小学生の頃からそうだった。母子寮の子どもたちとすぐにうち解けることができたのも、このような経験によるところが大きい。そして、なによりも自分にとって楽しいことを、好きなことをしているという喜びが相手にも伝わっていたのだと思う。とにかく自分にとっての楽しみな時間を過ごすことが魅力で、隔週の土曜日がくるのが待ち遠しかったほどだ。

これが、ボランティア活動なのだという意識はほとんどなかったといってよい。そんな私の目には、子どもたちは父親のいないことを意識させない、としか映らなかった。きっとそれは、中途半端な人権意識でしかなかったし、今から思えばとんでもない考えだった。とにかく自己満足的なボランティア観でしかなかったと思う。

考えてみれば、ボランティアを始めるきっかけは人それぞれなのだろう。私の場合は、かようなものだった。おそらく、ある子どものひとことがなければ、そのまま楽しい活動で終始し、ボランティアということを真剣に考える機会は得られなかったに違いない。

あるとき、一番私と仲がよかったYちゃん（小学校4年生の女子）が、ふさぎ込んでいた。どうしたの？、と聞いても答えてくれない。いつも明るい笑顔いっぱいの子が、きょうはどうしたのだろう、と気になったので、ほかの子どもと遊んでから再び彼女のもとに戻った。聞いてみたが、それでも反応がない。しばらくして、ぽつりともらした彼女のことばが私の心をぐらぐらと動かした。

「長沼さんは、私のおとうさんに似ている」、そう言ったときの彼女の横顔を今でも忘れることができない。悲しげで、下を向きながら、絶対に私と目を合わすことはなかった。私が、彼女の父親が数年前に交通事故で亡くなったという事実を知ったのは、そのあとのことだった。楽しいというだけでかかわっていた私の存在や行動が、ひょっとするとYちゃんを苦しめていたのかもしれないと思うと、つらかった。彼女の悲しみや思い出に関係なく、私はただただ自分が楽しいからという理由で子どもたちと遊んでいたことに気づかされた。私は改めて、ボランティアとは?、自分とは?、生きるとは?、ということをまじめに考えるようになった。のほほんと生きてきた私には、大きな衝撃であった。

その後Yちゃんとは、何事もなかったかのように楽しく遊んだが、私はボランティアのあり方や役割ということを強く意識するようになった。子どもの親のことにも関心をもち、職員から可能な限り家庭の環境についての情報を得るように心がけた。人の喜びや悲しみ、社会的な課題、子どもたちの育っていく環境、などを考えるようになっていた。

それからの私は、必然的に社会のさまざまな問題にも目を向けるようになっていた。何でもやってみようという気になったのである。機会があれば、さまざまボランティア活動に参加した。募金、交流活動、介助、イベントの手伝い、などなど。いつも人のあとをついてまわるような消極的だった私に変化がおとずれたのは、この時期であったようだ。

「社会」「他者」を強く意識し、その関係性のなかで生きる「自己」について内省するようになった、そのきっかけを与えてくれたのが、Yちゃんのひとことだった。今、改めてYちゃんに感謝したいと思う。

6-3　幼児期からの心の教育ときっかけづくり

これまで、小学生以上の子どものことを主に扱ってきたが、ここでは、就学前の子どもたちのことについて記そうと思う。

1　幼児期からの心の教育

最近、幼児期からの心の教育が大切だと言われる。背景にはマスコミでも報道されているように少年犯罪の増加と凶悪化がある。たしかに、幼児期から生命の尊さや他者と協力することの良さを教え、美しいものに感動する心などを育成することは、重要である。ボランティア学習が、そのような教育活動に一定の役割を果たしうることは間違いない。そして幼児期の場合、その基盤は家庭である。

そこで、親が子どもに、ボランティアを意識してなんらかの働きかけをするとき、どのような点に留意する必要があるのだろうか。ここでは、6歳くらいまでの子どもの場合について述べてみたい。

第1に、あえて「ボランティア」という言葉は使わなくてもよいということである。子どもが遊びながら人間関係や数字や言葉を覚えていくように、遊びの延長にボランティア学習につながるものが少し入っていた、というものでも構わない。自然な形で、福祉や環境のことなどを疑問に思ったり、体験したりする機会があれば理想的である。

第2に、すぐに効果がでると思わないことである。自然な形で提示するという以上、あまり多くを期待しないことである。ボランティアをすればすぐに子どもがよくなる、などと決して思わないことである。親の側からすれば、あくまでもきっかけの提示にすぎないから、それをどう生かすかは子ども次第である。なんらかの効果がすぐに出ることもあるだろうし、そうでないこともある。私が、自身の原体験と今のボランティア観がつながっていると感じたのは、前に述べたように20年以上経てからのことである。要は、肩肘はらずに、楽な気持ちでやっていけばよい、ということである。

第3に、やりっぱなしにならないように留意することである。ボランティアということ、とにかく行動する、ということを考えがちであるが、行動の前後で考えさせることも重要である。これがないと、「単なる苦役」だと子どもが感じてしまう可能性がある。そうなったら「もうしない」となってしまうだろう。考える、といっても難しい宿題を課すわけではない。その場にいる親が、問いかけ程度でよいから、なぜその行為が必要なのか、などについて対話すればよいのである。

2 親子でするボランティア・アイディア集

以下に、8個のアイディアを載せる。これらは本格的なボランティア活動とはいえないが、小さい子のための「きっかけ作り」(導入)と考えられるものである。いわば市民教育の最初の一歩の踏みだしである。適当にアレンジして利用してほしい。

①絵本やビデオを一緒に見ながら導入しよう

いわゆるボランティアを題材としたものでなくても、日頃子どもと一緒にみている絵本やビデオのなかに、福祉や人権、環境等に関係したものも結構入っているものである。例えば、私は娘と「アルプスの少女ハイジ」のビデオを観ていたが、車椅子の少女が出てきたので、すかさず「どうしてこの子はいつも座っているの？」と聞いてみたことがある。そこから対話が始まったのは言うまでもない。

②空き缶拾いから考えよう

リサイクルのボランティア活動も最近さかんである。空き缶を拾ってリサイクルに回すというのもあるが、ただ拾わせて「○個集まった。万歳」では、単なる苦役か数のお勉強になってしまう。なぜそこにたくさん落ちているのか、そこに人々が捨てないためにはどうすればよいか、などを考えさせることで社会的な課題がみえてくるはずである。

③おじいちゃん、おばあちゃんと一緒に歩こう

ただ一緒に歩くだけでいい。ただし必ず手をつないで。散歩、買い物などの機会を利用して実行する。私は幼少時代、白内障を患っていた祖父と歩き、目の不自由なかたの介助法の一端を知ったという原体験をもつ。最初は、祖父を電柱にぶつけてしまったり

したが、徐々に効果的な誘導法を体得していくものである。

④駅で見つけよう

よく利用する駅や公共施設で、福祉に関係した機器を探す。そのうえで、それがどのような人のためのものなのかを考えさせる。車椅子用のスロープや切符の自動販売機の点字など、色々ある。「なんだろう」と関心を示した時がチャンスである。私の子どもが5歳の時、駅のホームの点字ブロックに興味をもったので説明したところ、翌日駅に行ったときに目を隠してその上を歩いたときには少々驚いたものである。

⑤集めてボランティア

身近なところから始めるボランティア活動もある。収集ボランティアがそうである。使用済みの切手やテレフォンカードなどを集めて、収集をしている団体に渡すことによって寄付行為になるわけである。その際に留意することは、どのようなルートで何に使われるかを把握してからおこなうことである。

⑥バリアフリーグッズで考えよう

バリアフリーの考え方を利用したグッズを家の中で探して、どのような人のためのものなのかを考えさせる。シャンプーとリンスを区別するための容器の工夫、電話のボタンの5番の突起、お札の点字、テレフォンカードを差し込む方向を知るための工夫、など身近なところにたくさんある。親も一緒になって探してみるとよい。

⑦ボランティアセンターに行ってみよう

ボランティアの情報を知るためには、地域のボランティアセンターを利用するとよい。区市町村単位のセンターに行くと、地域の身近なボランティア情報を教えてもらえる。最近では、親子で参加できるイベントも増えてきているので、利用するのもよい。なお、ボランティアセンターの場所は、区市町村の役所に問い合わせれば教えてもらえる。

⑧さらに小さい子の面倒をみよう

同じ地域に住む小さい子の面倒をみるというのも、地域の教育や文化のために重要な営みであり、ボランティア活動のひとつである。自分より小さい子の面倒をみることは、自らの行動に責任をもつ機会となり、自律を促すことになる。異年齢集団の育ちあいを大切にしつつ、地域の文化を育てていくことにもつながるのではないだろうか。児童館などの活用も考えられる。

市民教育では、このような日常生活に密着した「ちょっとした機会の提供」が重要であるが、そうなると親の世代にも、このような社会と自己を切り結んでいく視点があるかないかが問われることになる。地域社会そのものが社会力を失ってしまっている場合（第1章で紹介した門脇のいう「コミュニティ」が形成されていない場合）には、そのなかでどっぷりと浸かっている親世代、大人たちへ向けて、まずは仕掛けていかなければならないのではないだろうか。まさに、地域における市民教育は、当事者たる市民の市民による相互啓発として位置づける必要があるといえるだろう。

ボランティア学習は即効薬でも万能薬でもない。なんらかの仕掛けと地道な積み上げを、人々が連帯して実践してこそ効果を発揮するものである。

第7章　市民性を養うワークショップ

ワークショップは、参加体験型の学習である。参加者が共通の体験や共同作業を通して、課題を発見し、解決の糸口を探し、作品を仕上げたりすることで、社会の課題や自己の課題に「気づく」ことを主眼としている。

市民性を考えるワークショップに内在する視点は、①他者との関係性を考える、②社会的課題を考える、③自己理解を深める、の3つである（ボランティア学習の学習内容と同様である）。すべてのワークショップにこれらが均等に入ることはない。むしろ、焦点化して実施するものであろう。

なお、ワークショップをリードする人は、ファシリテーター（Facilitator）と呼ばれ、参加者の学習支援者、促進者としてかかわる。適宜助言をしつつ、参加者の「気づき」を引き出すような雰囲気作りなども行う。

市民教育においては、このようなワークショップが欠かせない。フィールドでの体験だけでなく、学習者同士の相互作用を大切にしながら、学習を展開していく。とりわけ学校教育の場合、身近な他者としての仲間と協同で学習し、小社会としての学校での生活を生き生きとさせることは、社会力の獲得の第一歩になるからである。

ワークショップで知恵を出しあう

これから例示するのは、ワークショップの例である。すべて、私がこれまでに行ったものである。そのため、大学の教職課程の授業で用いているものも含まれているが、適宜読み替えていただきたい。内容そのものよりも手法を感じ取ってほしいからである。

なお、第2章の英国のワークショップ例も参考にしてほしい。

7-1　ワークショップの例（7つ）

ワークショップ2～4は、イメージしやすいように、私が作成したプリントをそのまま掲載する。

●ワークショップ1「ボランティアを色で表そう」

・1グループあたり5～6人のグループに分かれる。
・課題の提示
「ボランティアを色で表すとしたら、あなたは何色にしますか？ その理由も答えてください。」
・グループで紹介　　グループのメンバーで自分の考えを紹介しあう。
・全体で色の確認　　全体で色を確認する。理由についても、答えてもらう。

・色が同じでも理由が違ったり、色が違っても理由が同じであったり、多様な価値観にふれることができる。

●ワークショップ２「ボランティア学習のポイントを探れ！」

主題：私（たち）の考えるボランティア学習の理想像

ボランティア学習の理想像について語りあいましょう。ただし、ここでは10代を対象としたボランティア学習に限定します。

このグループワークは、与えられた条件をもとにグループにおける話し合いを通して、『ボランティア学習』について考察するものです。グループ内では、誰がリーダーシップをとるかは決まっていません。全員が納得いくまで議論を深め、１つのものを作りあげてください。作りあげる過程で、ボランティア学習に関するさまざまな考えかたが自然にでてくることでしょう。

〔課題１〕ボランティア学習の理想像としてどんなものが考えられるでしょうか。リストの25項目の中から最も重要だと思うものを７つ選んでください。〔個人の考え〕

〔課題２〕グループで話し合って、７つを選んでください。〔グループ決定〕

★★ただし、次の条件を守ってください。

① コンセンサス方式により決定してください。（多数決はダメ）

② あらかじめ役割を決めないでください。

③ 自分の考えていること、思っていることを遠慮しないで主張してください。

〔課題３〕グループで決定したものを模造紙に書いて発表していただきます。模造紙を仕上げてください。

また、発表者は次の点に留意してください。

① １つ１つ、なぜその項目を選んだのか説明してください。

② ７つが決定されるまでのプロセスを簡単に紹介してください。

③ このグループワークをやってみての発表者自身の感想を発表してください。

「ボランティア学習の理想像」リスト

※以下で、学校以外の場合には、例えば「生徒」は「10代の若者」、「教師」は「地域リーダー」「おとな」などと読みかえてください。

①ボランティア学習は、ボランティア教育ではなく、あくまでも学習者主体の「学習」です。
②ボランティア学習では、生徒の興味・関心を生かすことが重要です。
③ボランティア学習では、かかわる教師自身のボランティア体験も必要です。
④ボランティア学習は、生徒と教師が共に学んでいくものです。
⑤ボランティア学習は、本格的なボランティア活動ではありませんが、その準備的な学習です。
⑥ボランティア学習は、ボランティア活動をすることによって得られる学びの世界で

す。

⑦ボランティア学習は、ボランティア活動についての知識や技術を学ぶ学習です。

⑧ボランティア学習は、いつでも、どこでも、だれにでも実践できるものです。

⑨ボランティア学習では、ボランティア活動の特性である自発性が養われます。

⑩ボランティア学習をすすめる上で、学校・地域・家庭の連携は重要です。

⑪ボランティア学習における評価で重要なのは、学習者の自己評価です。

⑫ボランティア学習は、さまざまな社会的な課題について、具体的な行動を通して学んでいくものです。

⑬ボランティア学習は、共存・共生の時代の中で必要な素養と価値が得られる学習です。

⑭ボランティア学習にかかわる教師として重要なことは、上手にきっかけ作りをすることです。

⑮ボランティア学習では、生徒とともに計画・実行・自己評価の3段階をきちんと位置づけることが大切です。

⑯ボランティア学習では、収集・訪問・協力・交流などさまざまな学習方法の中から適切な方法を選びだすことが大切です。

⑰ボランティア学習では、福祉・環境・国際協力・人権などさまざまな学習領域の中から適切な領域を選びだすことが大切です。

⑱ボランティア学習は、学習者のアイデンティティの確立に寄与することができます。

⑲ボランティア学習では、学習者の変容過程を大切にすることが求められます。

⑳ボランティア学習は、体験することで学ぶ意欲を育てる学習です。

㉑ボランティア学習は、他者を知り、自己を知ることのできる人間理解学習です。

㉒ボランティア学習では、学習の成果をさまざまな形で発表する場を設けることが重要です。

㉓ボランティア学習をすすめる際、他の教師の理解と協力を得ることは不可欠です。

㉔ボランティア学習では、出来るところから出来ることを実践することが重要です。

㉕ボランティア学習は、学校の教育課程のすべて（教科・道徳・特別活動・総合的な学習の時間）に位置づけられるものです。

記入シート

グループ名〔　　　　　　　　〕　氏名〔　　　　　　　　〕									
自分の考え	→								
他のメンバーの考え	→								
	→								
	→								
	→								
	→								
	→								
	→								
	→								
メモ									
グループの決定	→								

■ 補注 ■

1. このグループワーク課題のねらいは、結論を出すことそのものよりも、協議の過程で参加者それぞれがまず自分の「ボランティア学習観」を語ること、次にそれらを共有し、他者との意見の相違をどう克服し、グループの決定に至らせるかという過程を大切にすることにある。
2. 25項目の記述内容は、これまでボランティア学習にかかわってきた人々が何らかの形で述べていることがらである。
   ボランティア学習の考え方がいかに多様であるかが理解できると思う。
3. この研究協議の後、振り返りをする過程で、事後用記入シートには、次のような項目がある。
   「グループワーク課題の26番目の項目を作るとしたら、どんな内容にしますか？」

   書かれている項目よりも、自分にとってすっきりする表現があるはずである。それを書いてもらおうという意図である。
4. 25項目から７つを選ぶというのは、かなり厳しい作業となるが、あえてそのようにしている。
   グループで７つを絞りだす過程で、参加者それぞれの考え方が自然にでてくるように仕組んであるのである。
5. この課題はレクリエーション活動の「グループワークトレーニング」の理論および実技を参考にして、長沼が独自に制作したものである。（ただし、25項目の内容については、これまで20年以上にわたって、さまざまな人々が主張してきたものである。）
6. 協議には２～３時間、発表には１～1.5時間必要である。
   一つのグループの人数は５～８人が適当である。

●ワークショップ３「理想の教師像」

手法は、ワークショップ２と同様である。教職課程の学生向けに私がアレンジしたものである。６人グループで行う。

テーマ「みんなで語ろう！　理想の教師像」

理想とする教師像があるとすれば、それはどんな人のことをいうのでしょうか。これからの時代に望まれる教師とはいったいどんな人なのでしょうか？　一緒に考えてみましょう。

１．学習指導が上手である
２．部活動の指導に熱心である
３．生徒の前で話をするのが得意である

４．担当教科の専門知識についての理解が深い
５．生徒と同じ立場に立って考え、行動する
６．親からの信頼があつい
７．人をひきつけるのがうまい
８．授業が楽しく生徒に興味をもたせることができる
９．常に生徒のことを考えている
１０．行事などでも率先して生徒をリードすることができる
１１．聞き上手である
１２．生徒から好かれている
１３．柔軟な発想ができる
１４．明るくいつも笑顔を絶やさない
１５．はっきり自己主張し、説得力がある
１６．自分を豊かに表現できる
１７．人をほめるのがうまい
１８．はっきりした目標をもっている
１９．教育に関する情報に詳しい
２０．企画力がある
２１．生徒を信頼し、任せる
２２．野外活動やボランティア活動の経験がある

２３．体力がある
２４．生徒に対する観察力がある
２５．他の教師との連帯を大切にする

〔課題１〕理想の教師像25項目の中から最も重要だと思うものを７つ選んでください。
（個人の考え）

〔課題２〕グループで話し合って、７つを決定してください。（グループ決定）
☆ただし、多数決方式は用いないでください。グループの全員で納得のいくまで議論して決めてください。

〔課題３〕あなたが26番目の項目をつくるとしたら、どんな内容にしますか。
（個人で考える）

●理想の教師像・記入シート

1．自分の考え

2．他のメンバー（５名）の考え

名　前							

3．グループの決定

4．あなたが考えた26番目の項目
（　　　　　　　　　　　　　　　　　　　　）

●ワークショップ４「ボランティア学習における教師の役割」

テーマ『ボランティア学習をどのように？　―教師の役割―』

☆グループワーク（共同作業）の進め方

各グループで以下の作業をします。ここでは、ラベルワークにより意見や考え方を集約していく方法を用います。

第１段階

ボランティア学習をすすめる教師が行う仕事には、どのようなものがあるでしょうか。

「○○へ電話をする」というような細かいことでも結構です。たくさん挙げてみてください。まず、各自POST−IT紙に考えを記入してください。思いついたことをどんどん記入してください。

★１つの意見を１つの紙に、なるべく短い言葉で記入。

第２段階

第１段階で書いた沢山の紙をまず模造紙にはりつけてください。そしてそれらを眺めながら全く同じ内容、似たような内容のPOST−IT紙を重ねてグループ化します。そして、そのグループのキーワード（そのグループに書かれた内容を代表するような言葉）を考えてください。

★無理に同じグループに入れないようにしてください。

★１枚（単独）でグループになる紙があっても結構です。

★グループ化する際の観点はさまざまです。班のメンバーでよく討議してください。

第３段階

第２段階で書いたいくつかのグループについて、似たようなグループがあれば、さらに大きなグループを作ってみてください。そして、グループ間のつながりや分類等を考えてください。模造紙はマジックで色分けしたり、絵・イラストなどを加えて作品として仕上げてください。全体のタイトルも考えて、書き込んでください。

第４段階

上記の作業結果をもとに、模造紙を用いて班ごとに発表します。プレゼンテーションの方法、役割分担などを打ち合わせしてください。

●ワークショップ５「街のたからもの発見」

・４人程度のグループに分かれる。
・学校の近くの限られた範囲（指定しておく）をグループで探検し、そのなかで「たからもの」だと思う“もの”を見つけてくる。
・各グループで地図を描き、そのなかに「たからもの」を書き入れていく。

・終了後、各グループからの発表
・「たからもの」ではなく、街の課題にしてもよい。
　福祉教育ではバリアフリーの視点で、環境教育では環境問題やゴミ問題の視点で、などテーマを設けてもできる。

●ワークショップ６「ボランティア活動のマナーを考える」

・ボランティア活動を行う前の事前学習で行う。
・４～５人のグループに分かれる。
・各グループで「ボランティア活動のマナー」について、考えたことを出し合う。
・ワークショップ４のようにラベルワークで実施してもよい。
・グループ内で共通して重要だと思うマナーを話し合い、決定する。
・結果を模造紙等に描き、作品として仕上げる。（イラストなど工夫する）

●ワークショップ７「いまの私を表現する」

・新聞紙を用意。各自、いまの自分の立場や気持ちなどを表現する。

・使えるのは、新聞紙に載っている記事の見出しやことば、広告の写真や絵のみである。

・それらを組み合わせて画用紙にはっていく。（１枚の作品を仕上げる）

・全員終わったところで、発表会を行う。

・「いまの私」というテーマでなくても、どのようなテーマでもできる。

例）環境問題、日本の未来、理想の会社員、価値あるもの、私のあこがれ　等

7-2 振り返りの手法

ワークショップにおいては、「振り返り」が重要である。

ワーク（作業）そのものも大切な〝時間の共有〟には違いないが、やはり内省し、気づいたことを意識化することが学びの過程では大切だからである。

振り返りは、グループによる話し合いや、個人で記入するチェックシートなどを活用する。以下のように、気づかせたい中身によって、検証する内容も違う。

振り返りの用紙のなかに、たとえば、次のようなチェック項目を入れる。

①グループ内の役割や個と集団の関係等に気づかせたい場合

・グループのなかでリーダー役だった人は誰ですか？

・全員の意見が出るように配慮した人は誰ですか？

・重要な指摘をしたのは誰ですか？　など

②グループの課題達成機能について気づかせたい場合

・あなたにとって、このグループの満足度は5段階でいくつですか？

・あなたは、グループの中で言いたいことが言えましたか？

・グループはまとまっていたと思いますか？　など

③個の変容や学びに気づかせたい場合

・このワークであなたが気づいたことは何ですか？

・もう一度このワークをする場合、どのような点に気をつければいいと思いますか？

・一番大変だったのは、どんなことですか？　など

④社会的課題に気づかせたい場合

・あなたが見つけた街の課題のなかで、解決できそうなものはありますか？

・街の「たからもの」をこれからも大切にするためには、どうすればよいでしょうか？

など

7-3　ジョハリの4つの窓

ワークショップで意識化するのは、集団のなかの自己のありようであったり、協力することの意味であったりする。これらの体験は、社会力の育成にかかわるものであり、市民としての生き方にもかかわる重要な〝時間〟である。ただ、誤解のないように断っておきたいが、このようなワークショップだけで人は変わらない。市民教育やボランティア学習そのものが長い営みである。すでに述べてきているように、多様な体験と生活そのものに彩られて、市民性や社会力は徐々に形成されていくものであり、1回や2回のワークで、飛躍的になにかが変わるとすれば、それは麻薬のような危険性が伴うと考えてよい。ワークショップのような手法が一人歩きすると形骸化した教育実践に陥る可能性があることを付記しておきたい。ワークは、あくまでも、あることへの意識化のための「きっかけ作り」だと思っていただきたいのである。

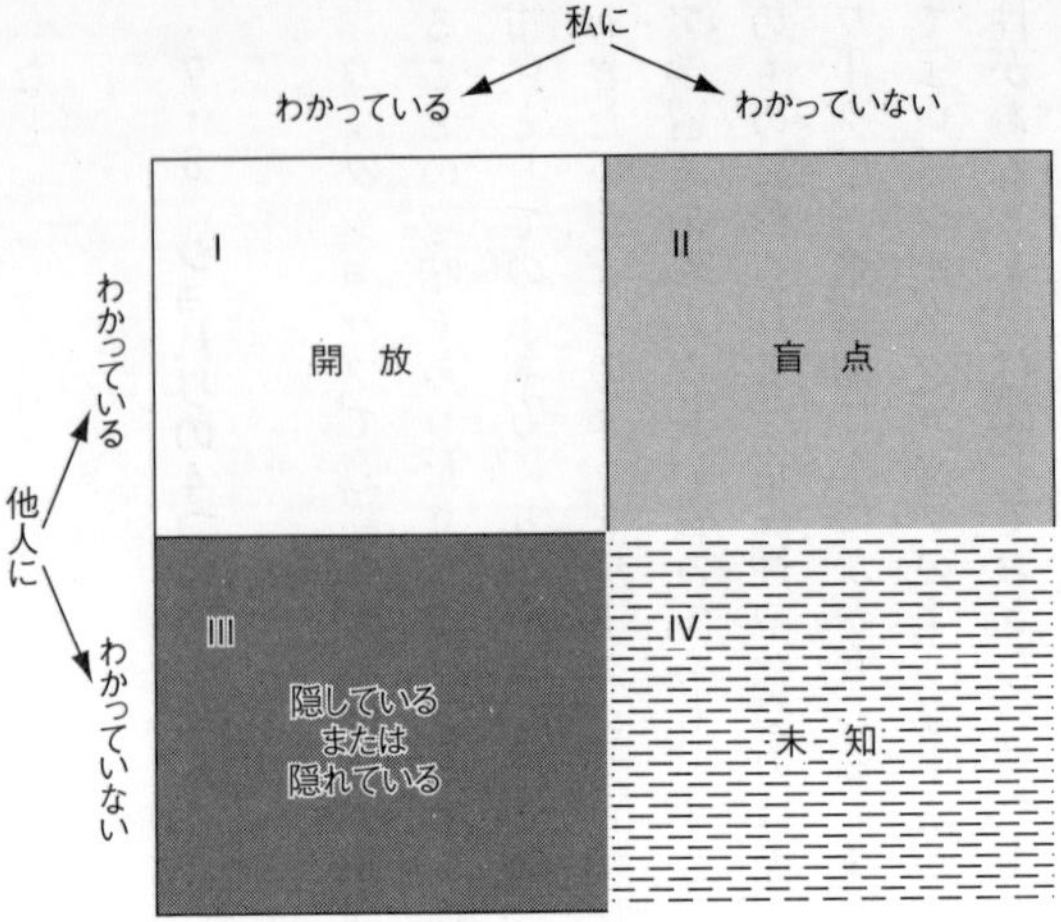

図7-1　ジョハリの窓

さて、意識化のなかで、とりわけ重要なのは、自己認識ではないだろうか。そのような他者との関係における自己認識は、「ジョハリの窓」（図7－1）（津村俊充、山口真人編『人間関係トレーニング』ナカニシヤ出版、1992年、より）で説明される。これは、米国の発案者ジョーゼフ・ラフトとハリー・インガムの名前を合成したもので、「対人関係における気づきの図解式モデル」である。

図の横方向は、自己のこと（自己認識）で自分にとってわかっているか、いないかの区分、縦方向は他人から見て、自分のことがわかっているか、いないかの区分である。したがって、図のⅠの部分は自分にも他人にもわかっている部分ということで、「開放された窓」である。Ⅱは自分にはわかっていないが他人にはわかっている自分で、「盲点の窓」である。Ⅲは自分にはわかっているが、他人には気づかれていない部分で「隠している窓、または隠れている窓」である。そして、Ⅳは自分にも他人にもわからない自分の未知のゾーンということで、「未知の窓」である。

ワークショップ等で自己認識を確認する機会をもつことは、この4つの窓を確認することでもある。共同作業や振り返りの時間などを通して、新たな自分に気づくことがあるかもしれない。例えば、他者から指摘されて、自分には実はリーダーシップがあったのだ、などという場合がそれである。この場合、Ⅰの部分がひろがり、Ⅱの部分が押しやられる。この機能を「フィードバック」と呼んでいる（図7‐2）。逆に、自分のことを他者に理解してもらえた、ということもありうる。振り返りなどで、私の繊細な部分を○○さんにわかってもらえてうれしい、などと書くケースがそれである。この場合、Ⅰの窓がⅢの窓の方へ広がったことになる。これを「自己開示」の機能という（図

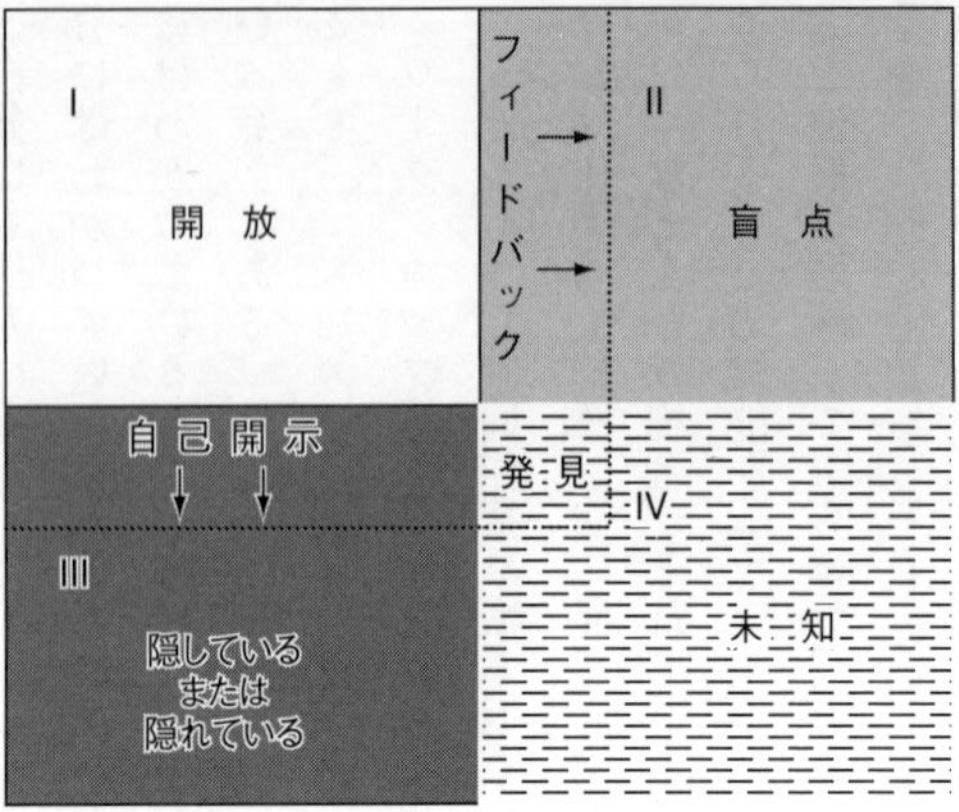

図7-2　ジョハリの窓（その2）

7－2）。

そして、ワークショップなどを通して、フィードバックと自己開示が同時に起これば、図のように、未知の窓Ⅳが狭くなり、広がった部分で新たな発見があることになる。他人も自分も知らなかった自己認識の新たな側面である。「新たな自己の発見」ということになるのである。

市民教育とは、他者とかかわり、社会をつくり、その過程で自己を向上させていく市民を育てる営みである。他者とかかわることで、自己認識を広げ、創造的に自己実現を図る人々をうみだす教育である。ジョハリの窓でいえば、フィードバックと自己開示を繰り返しながら、新たな自己を常に模索することができる力を創造する営みである。門脇のいう「社会力」とは、このような力をも含んでいるのではないだろうか。そして、「はじめに」で述べた納豆の一粒が、豆腐にならず粒のままでいることの意味と、たがいに糸を引き合うことの意味も、この点にあるのではないかと思う。

市民教育・ボランティア学習を考えるための参考文献

教育論一般、学習論等について

「子どもの社会力」――門脇厚司著　岩波新書
「シリーズ学びと文化①　学びへの誘い」――佐伯胖、藤田英典、佐藤学編　東京大学出版会
「子どもの危機をどう見るか」――尾木直樹著　岩波新書

英国の市民教育について

「英国の市民教育」――日本ボランティア学習協会編
「イギリスの教育改革と日本」――佐貫浩著　高文研
「コミュニティでの実践的な学習を通して「市民であること」を探求する」――東京ボランティア・市民活動センター翻訳

ボランティア、NPO等について

「基礎から学ぶボランティアの理論と実際」――巡静一、早瀬昇編　中央法規出版

「ボランティア　もうひとつの情報社会」――金子郁容著　岩波新書

「ボランティア　いきいきと生きる」――渡辺武男監修　相川書房

「ボランティアと市民社会」――立木茂雄編　晃洋書房

「ボランティア未来論」――中田豊一著　コモンズ

「ボランティア白書」1992、1995、1999、2001年版――日本青年奉仕協会

「ボランティア活動研究」第　号――大阪ボランティア協会

「平成　年版　国民生活白書」――経済企画庁編

「コミュニティ論」――倉沢進著　放送大学教育振興会

ボランティア学習について

「総合的な学習　こう展開するシリーズ　ボランティア学習」――池田幸也、長沼豊編　清水書院

「子どもの奉仕活動・ボランティア活動をどう進めるか」――長沼豊編　教育開発研究所

「たすけあいのなかで学ぶ（教師のためのボランティア学習ガイドブック）」――日本青年奉仕協会編

「ボランティア学習　新時代への提言」――日本ボランティア学習協会編

「中学校のボランティア活動への道」——長沼豊編　明治図書出版
「ボランティア学習研究」第1号～第3号——日本ボランティア学習協会
「福祉教育・ボランティア学習学会年報」vol 1～7——万葉舎
「ボランティア学習の概念と学習過程」——長沼豊著　近代文芸社

ワークショップ、参画型学習等について

「ワークショップ」——中野民夫著　岩波新書
「参加型学習のすすめ方」——廣瀬隆人、澤田実、林義樹、小野三津子著、ぎょうせい
「ファシリテーター入門」——森良編　エコ・コミュニケーションセンター
「市民の日本語」——加藤哲夫　ひつじ書房
「学生参画型授業論」——林義樹著　学文社

市民教育の実践は、まさに「民主主義を体現していくこと」にほかならない。そして、それは具体的な行動を通して多様な能力を獲得していくことでもある。そのひとつである市民性とは、当事者意識と参画意識を基盤にしている。自分たちの社会の、自分たちの課題としてとらえ、解決の方向へ導いていこうとする強い意志と連帯性が必要である。

当事者意識で思い出すのが、私の隣の研究室の教授が関わった市民活動である。一昨年からずっとその経過を聞いていたので、昨年の春に収束していったと聞いたときには、自分のことのようにうれしかった。その中身であるが、突如として、家のすぐ近くに携帯電話の鉄塔（基地局）が立つという話がもちあがったのだそうだ。周囲の住民は大騒ぎになり、対策を練ることになった。もちろん、〝それは困る〟というのが主張なのだが、本当に計画を撤回してくれるのかどうなのか、半信半疑だった。とりあえず対策の会をつくり、話し合った結果、ご本人の弁だが「なぜか大学教授ということで私が会長にさせられちゃったんだ」とのことであった。そして、計画の事実やその中身を確かめ、集会をかさねていったそうだ。反対の根拠を明確に出せなければ運動にならない、という先生の助言のもと、住民の何人かでＩＴを駆使して多様な情報を集めた。すると、似たようなケースで勝利を収めた地域の情報がインターネットでわかったり、電磁波の影響はどのようなものかなど科学的な知識が得られたり、さまざまな情報が会に持ち込まれた。そのような多様な事実をつきつけながら先方との折衝に臨んでいった。そして、ついには白紙撤回の回答を得るのである。最終局面では、マスコミや議会も取り上げるなど、市民のパワーが結集されていったことを物語っている。その後、ご本人がまとめた経過報告を読ませていただいたが、市民たちが〝しなやかに〟当事者意識と参画意識をもって、連帯していたことが文面から伝わってきた。

この事例から私が感じたことは、市民性で重要なのは連帯・ミッション・手段・知識である、ということだ。本書で述べてきた市民教育とは、まさにこのような手法や社会的課題を知り、社会とかかわり、人とかかわる力をつけることであった。また、それは社会力の育成という観点からも説明された。民主主義社会で、社会力は重要かつ必要な資質・能力である。ただ、教育を受けて得たスキルは個人でもつのではなく、社会に生かしてこそ本来の意味を具現化するのだと思う。米国のサービス・ラーニングの手法は、その実例だ。その意味では、学びつつ還元し、使いつつ学ぶ、その過程を通じて、さらに洗練され、肉付けられ、他者とのかかわりを経て質的にも向上していくものである。

実は、このような素養は、本来民主主義社会ならば当たり前のことであるとも解されるが、複雑な現代社会にあっては、自然に体得されるという環境が整備されていないのが現実であろう。したがって、本来あるものを取り戻す、あるいは隠れているものを発見する、というニュアンスが近いのだろう。ちなみに、第2章で紹介した英国のCSVの市民教育プログラムの名前は「Discovering Citizenship through active learning in the community」である。市民性を発見する、のである。そもそも教育とは、〝自然に〟が原則であるが、市民性に必要な社会力は、〝閉ざされた学校〟と〝閉ざされた家庭〟の往復では得られない。発見してもらうためには、意図的な「仕掛け」

が必要だ。教え込むのではなく、仕掛けを散りばめておくのである。「ボランティア学習仕掛人」というのは、私の名刺の肩書きである。実は、教育的指導と堅苦しく考えず、「仕掛け」と考えると気が楽である。仕掛けであれば、うまく仕掛けにのっかることもあるし、そうでないこともある。子どもたちの興味・関心と違うものを提示してしまうこともありうる。仕掛けがはずれたら、別の仕掛けを用意すればよい、そのような柔軟性も大切にしたい。

ボランティア学習は市民性を養うひとつの有効な手段であり、今後おおいに広がってほしいと切望している。ただし、これがねじ曲げられて実践されそうな危惧もある。本文でも述べたが、点字学習、車椅子学習、高齢者擬似体験などだけで終わってしまい現実の社会的課題にふれていないもの、あるいは先方のニーズにあっていない施設訪問などで、さらには「こうすれば子どもが良くなります」的な実践もはびこり始めている。これまでの教育観（教師が知っていることを伝達するという感覚）で授業をやってしまっているものである。発問と指示で子どもを動かし、気づかせるというパターンの教育法に入れ込んでしまっているのである。そうではなく、ボランティア学習は、これまで述べてきたような社会力、市民教育につながる実践として構成されるものだということを再度確認したいと思う。

私が自身のボランティア活動体験で変わったことはといえば、2つある。ボランティア活動を始めた高校2年生以降と、それ以前のことを比較して気づいた。中学生の時まで大嫌いで不得意だったものが読書と作文であった。極めつけは両者が合体する読書感想文であるが、毎年夏休みの宿題は3冊読んで、それぞれに原稿用紙3枚以上の感想文を書くというものだった。8月29日、30日、31日で1冊ずつという計画はいつも崩れ、最終日に3冊という羽目になった。それでもできない、それくらい苦手だったのだ。

ところが、ボランティア活動を始めてからは、不思議とこの2つはクリアーされていった。活動していくうちに、自分の社会的課題に対する無知に気づき本を読むようになり、また活動のあとには、感想文を書くことが当たり前だった。慣れとはすごいもので、読書も作文も全然違和感を感じないまでになった。体験を踏まえたことは吸収がはやい。自分のしていることに関係した本だから、どんどん頭に入っていく。自分が体験し、感じたことを書くのだから、原稿用紙の3枚、4枚はすぐに埋まる。こうして、いまでは原稿用紙30枚、40枚を頻繁に書き上げる仕事についている。〝本嫌いの長沼少年〟がこの本を書いている。実に不思議なもので、ボランティア体験が人生を変えた！というのは嘘ではない。

ボランティアというと、思いやりや優しさの教育など、道徳的な面が強調されがちであるが、本来ボランティア学習とは、市民教育につながるものであって、そこで得るスキルは多様である。それ自身総合的な学習といってもよい。私の場合は国語力だった。したがって、子どもによって学び取るものは違っていい。そう考えないと学校で実践するのは大変である。なによりも先生が大変になる。いつも先生方向けの講演会では、「楽にやりましょう！　ボランティアって、おもしろくないと続かないから、先生方が嫌々やってもおもしろくないですよ。」と伝える。不思議なことに仕掛けることのおもしろさを知った先生は、この〝世界〟にはまっていく。そんな人たちを何人も見てきた。

読者の市民教育の〝世界〟が豊かに広がることを願い、結びとしたい。

おわりに、本書の企画と編集をしていただいた、ひつじ書房の松本功さんに感謝申し上げたい。松本さんの激励と暖かい励ましがなければ、〝作文嫌いな長沼少年〟に戻ってしまうところだった。また、本書を書くために、かなり家族を犠牲にしてしまった。妻・容子と娘・弘子、息子・徹、そして同居している父・清八と母・久美子にもお礼をいいたい。

二〇〇三年二月八日

長沼　豊

ひつじ市民新書発刊の辞

私たちは、新しい時代にいる。
新しい時代にあった知恵と知性を生み出したい。
ナレッジコミュニティを目指して、
「ひつじ市民新書」を創刊する。

〔ひつじ書房〕
松本 功
松本久美子

長沼豊（ながぬま・ゆたか）

1963年東京生まれ。

高校時代からボランティア活動を始め、中学校教員を経て、1999年から学習院大学助教授。教職課程で「特別活動論」「ボランティア学習論」などを担当。

著書には「中学校のボランティア活動への道」（編著、明治図書出版）など。

全国の教師向けの研修会等で、ボランティア学習についての講演、ワークショップを年間約50ヶ所で実施。ボランティア学習仕掛け人。

ひつじ市民新書002
市民教育とは何か

発行――――2003年3月3日　初版1刷
定価――――695円＋税
著者――――©長沼 豊
発行者―――松本 功
装丁者―――中山銀士
印刷・製本所――株式会社 三美印刷
発行所――――有限会社 ひつじ書房
〒102-0002　東京都文京区小石川 5-25-8　1F
Tel.03-5684-6871／Fax 03-5684-6872
toiawase@hituzi.co.jp　http://www.hituzi.co.jp/
郵便振替00120-8-142852

造本には充分注意しておりますが，落丁・乱丁などがございましたら，
小社宛お送り下さい。送料小社負担でお取り替えいたします。
ISBN4-89476-185-8　C0037　Printed in Japan